Colección Poesía

© Editores Mexicanos Unidos, S.A. Luis González Obregón 5-B Col. Centro Delegación Cuauhtémoc. C.P. 06020. Tels: 521-88-70 al 74

Miembro de la Cámara Nacional de la Industria Editorial, Reg. No. 115

Diseño de portada: Mabel Laclau Miró.

Ilustración: Fragmento. Amedeo Modigliani. Jeanne Hébuterne - La mujer del artista. Pasadena, CA. Fundación de Arte Norton Simon.

La presentación y composición tipográficas son propiedad de los editores

ISBN 968-15-0292-2

1a. edición, febrero de 1999.

Impreso en México
Printed in Mexico

Cien poesías selectas

Antología

 editores mexicanos unidos, s.a.

A LA PATRIA

Ante el recuerdo bendito
de aquella noche sagrada
en que la patria aherrojada
rompió al fin su esclavitud;
ante la dulce memoria
de aquella hora y de aquel día,
yo siento que en la alma mía
canta algo como un laúd.

Yo siento que brota en flores
el huerto de mi ternura,
que tiembla entre su espesura
la estrofa de una canción;
y al sonoro y ardiente
murmurar de cada nota,
siento algo grande que brota
dentro de mi corazón.

¡Bendita noche de gloria
que así mi espíritu agitas,
bendita entre las benditas
noche de la libertad!
Hora de triunfo en que el pueblo
al sol de la independencia,
dejó libre la conciencia
rompiendo la oscuridad.

Yo te amo.... y al acercarme
ante este altar de victoria

donde la patria y la historia
contemplan nuestro placer;
yo vengo a unir al tributo
que en darte el pueblo se afana
mi canto de mexicana
mi corazón de mujer.

NOCTURNO

A Rosario

I

¡Pues bien! yo necesito
decirte que te adoro,
decirte que te quiero
con todo el corazón;
que es mucho lo que sufro,
que es mucho lo que lloro,
que ya no puedo tanto
y al grito en que te imploro
te imploro y te hablo en nombre
de mi última ilusión.

II

Yo quiero que tú sepas
que ya hace muchos días
estoy enfermo y pálido
de tanto no dormir;
que ya se han muerto todas
las esperanzas mías,
que están mis noches negras,
tan negras y sombrías,
que ya no sé ni dónde
se alzaba el porvenir

III

De noche, cuando pongo
  mis sienes en la almohada
y hacia otro mundo quiero
  mi espíritu volver,
camino mucho, mucho,
  y al fin de la jornada
las formas de mi madre
  se pierden en la nada
y tú de nuevo vuelves
  en mi alma aparecer.

IV

Comprendo que tus besos
  jamás han de ser míos,
comprendo que en tus ojos
  no me he de ver jamás,
y te amo y en mis locos
  y ardientes desvaríos
bendigo tus desdenes,
  adoro tus desvíos,
y en vez de amarte menos
  te quiero mucho más.

V

A veces pienso en darte
  mi eterna despedida,
borrarte en mis recuerdos
  y hundirte en mi pasión;
mas si es en vano todo
  y el alma no te olvida,

¿qué quieres tú que yo haga,
  pedazo de mi vida?
¿Qué quieres tú que yo haga
  con este corazón?

VI

Y luego que ya estaba
  concluído tu santuario,
tu lámpara encendida,
  tu velo en el altar;
el sol de la mañana
detrás del campanario
chispeando las antorchas,
  humeando el incensario,
y abierta allá a lo lejos
  la puerta del hogar....

VII

¡Qué hermoso hubiera sido
  vivir bajo aquel techo,
los dos unidos siempre
  y amándonos los dos;
tú siempre enamorada,
  yo siempre satisfecho,
los dos una sola alma,
  los dos un solo pecho,
y en medio de nosotros
  mi madre como un Dios!

VIII

¡Figúrate qué hermosas
  las horas de esa vida!

¡Qué dulce y bello el viaje
  por una tierra así!
Y yo soñaba en eso,
  mi santa prometida;
y al delirar en eso
  con el alma estremecida,
pensaba yo en ser bueno
  por ti, no más por ti.

IX

¡Bien sabe Dios que ese era
  mi más hermoso sueño,
mi afán y mi esperanza,
  mi dicha y mi placer;
bien sabe Dios que en nada
  cifraba yo mi empeño,
sino en amarte mucho
  bajo el hogar risueño
que me envolvió en sus besos
  cuando me vió nacer!

X

Esa era mi esperanza....
  mas ya que a sus fulgores
se opone el hondo abismo
  que existe entre los dos,
¡Adiós por la vez última,
  amor de mis amores;
la luz de mis tinieblas,
  la esencia de mis flores;
mi lira de poeta,
  mi juventud, adiós!

MADRIGAL

Ojos claros, serenos,
si de un dulce mirar sois alabados,
¿por qué si miráis, miráis airados?
Si cuanto más piadosos,
más bellos parecéis a aquel que os mira,
no me miréis con ira,
porque no parezcáis menos hermosos.
¡Ay tormentos rabiosos!
Ojos claros, serenos,
ya que así me miráis, miradme al menos!

EL BRINDIS DEL BOHEMIO

En torno de una mesa de cantina,
una noche de invierno,
regocijadamente departían
seis alegres bohemios.

Los ecos de sus risas escapaban
y de aquel barrio quieto
iban a interrumpir el imponente
y profundo silencio.

El humo de olorosos cigarrillos
en espirales se elevaba al cielo,
simbolizando al revolverse en nada
la vida de los sueños;

Pero en todos los labios había risas,
inspiración en todos los cerebros,
y repartidas en la mesa, copas
pletóricas de ron, whisky o ajenjo.

Era curioso ver aquel conjunto
de aquel grupo bohemio,
del que brotaba la palabra chusca,
la que vierte veneno,
lo mismo que, melosa y delicada,
la música de un verso.

A cada nueva libación, las penas
hallábanse más lejos
del grupo, y nueva inspiración llegaba
a todos los cerebros

con el idilio roto que venía
en alas del recuerdo.

Olvidaba decir que aquella noche,
aquel grupo bohemio
celebraba entre risas, libaciones,
chascarrillos y versos,
la agonía de un año que amarguras
dejó en todos los pechos,
y la llegada consecuencia lógica,
del feliz año nuevo....

Una voz varonil dijo de pronto:
las doce, compañeros.
Digamos el "requiescat" por el año
que ha pasado a formar entre los muertos.
¡Brindemos por el año que comienza!
porque nos traiga ensueños;
porque no sea su equipaje un cúmulo
de amargos desconsuelos.

Brindo, dijo otra voz, por la esperanza
que a la vida nos lanza,
de vencer los rigores del destino,
por la esperanza, nuestra dulce amiga
que las penas mitiga
y convierte en vergel nuestro camino.

Brindo porque ya hubiese a mi existencia
puesto fin con violencia
esgrimiendo en mi frente mi venganza;
si en mi cielo de tu limpio y divino
no alumbrara mi sino
una pálida estrella: "Mi esperanza".

¡Bravo!, dijeron todos, inspirado
esta noche has estado
y hablaste breve, bueno y sustancioso.
El turno es de Raúl; alce su copa
y brinde por.... Europa,
ya que su extranjerismo es delicioso....

Bebo y brindo, clamó el interpelado;
brindo por mi pasado,
que fué de luz, de amor y de alegría;
y en el que hubo mujeres seductoras
y frentes soñadoras
que se juntaron con la frente mía....

Brindo por el ayer que en la amargura
que hoy cubre de negrura
mi corazón, esparce sus consuelos
trayendo hasta mi mente las dulzuras
de goces, de ternuras,
de dichas, de deliquios, de desvelos.

Yo brindo, dijo Juan, porque en mi mente
brote un torrente
de inspiración divina, seductora,
porque vibre en las cuerdas de mi lira
el verso que suspira,
que sonríe, que canta y que enamora.

Brindo porque mis versos cual saetas
lleguen hasta las grutas
formadas de metal y de granito;
del corazón de la mujer ingrata
que a desdenes me mata....
¡Pero que tiene un cuerpo muy bonito!

Porque a su corazón llegue mi canto,
porque enjuguen mi llanto
sus manos que me causan embelesos,
porque con creces mi pasión me pague...
¡vamos!, porque me embriague
con el divino néctar de sus besos.

Siguió la tempestad de frases vanas,
de aquellas tan humanas
que hallan en todas partes acomodo,
y en cada frase de entusiasmo ardiente,
hubo ovación creciente,
y libaciones y reír y todo.

Se brindó por la Patria, por las flores,
por los castos amores
que hacen un valladar de una ventana,
y por esas pasiones voluptuosas
que el fango del placer llena de rosas
y hacen de la mujer la cortesana.

Sólo faltaba un brindis, el de Arturo,
el del bohemio puro, de noble corazón
y gran cabeza; aquel que sin ambages
declaraba que sólo ambicionaba
robarle inspiración a la tristeza.

Por todos estrechado alzó la copa
frente a la alegre tropa
desbordante de risa y de contento.
Los inundó en la luz de una mirada,
sacudió su melena alborotada
y dijo así, con inspirado acento:

Brindo por la mujer, mas no por esa
en la que halláis consuelo en la tristeza
rescoldo del placer ¡desventurados!;
no por esa que os brinda sus hechizos,
cuando besáis sus rizos
artificiosamente perfumados.

Yo no brindo por ella, compañeros,
siento por esta vez no complaceros,
brindo por la mujer, pero por una,
por la que me brindó sus embelesos
y me envolvió en sus besos:
por la mujer que me arrulló en la cuna.

Por la mujer que me enseñó de niño
lo que vale el cariño
exquisito, profundo y verdadero,
por la mujer que me arrulló en sus brazos
y que me dió en pedazos,
uno por uno, el corazón entero.

¡Por mi Madre! bohemios, por la anciana
que piensa en el mañana
como en algo muy dulce y muy deseado,
porque sueña tal vez, que mi destino
me señala el camino
por el que volveré pronto a su lado.

Por la anciana adorada y bendecida,
por la que con su sangre me dió vida
y ternura y cariño;
por la que fué la luz del alma mía
y lloró de alegría, sintiendo mi cabeza
en su corpiño.

Por eso brindo yo,
dejad que llore, y en lágrimas desflore
esta pena letal que me asesina,
dejad que brinde por mi madre ausente,
por la que llora y siente
que mi ausencia es un fuego que calcina.

Por la anciana infeliz que gime y llora
y que del cielo implora,
que vuelva yo muy pronto a estar con ella
por mi Madre, bohemios,
que es dulzura vertida en mi amargura
y en esta noche de mi vida, estrella....

El bohemio calló, ningún acento
profanó el sentimiento
nacido del dolor y la ternura,
y pareció que sobre aquel ambiente
flotaba inmensamente,
un poema de amor y de amargura.

LA PLEGARIA DE LOS NIÑOS

"En la campana del puerto
¡Tocan, hijos, la oración....!
¡De rodillas!....., y roguemos
a la madre del Señor
por vuestro padre infelice,
que ha tanto tiempo partió,
y quizás esté luchando
de la mar con el furor.
Tal vez, a una tabla asido,
¡no lo permita buen Dios!
náufrago, triste y hambriento,
y al sucumbir sin valor,
los ojos al cielo alzando
con lágrimas de aflicción,
dirija el adiós postrero
a los hijos de su amor.
¡Orad, orad, hijos míos,
la virgen siempre escuchó
la plegaria de los niños
y los ayes del dolor!"

En una humilde cabaña,
con piadosa devoción,
puesta de hinojos y triste
a sus hijos así habló
la mujer de un marinero
al oír la santa voz
de la campana del puerto
que tocaba la oración.

Rezaron los pobres niños
y la madre, con fervor;
todo quedóse en silencio
y después sólo se oyó,
entre apagados sollozos,
de las olas el rumor.

. . . .

De repente en la bocana
truena lejano el cañón:
"¡Entra buque!", allá en la playa
la gente ansiosa gritó.
Los niños se levantaron;
mas la esposa, en su dolor,
"no es vuestro padre les dijo;
tantas veces me engañó
la esperanza, que hoy no puede
alegrarse el corazón"

Pero después de una pausa,
ligero un hombre subió
por el angosto sendero,
murmurando una canción.

Era un marino.... ¡Era el padre!
La mujer palideció
al oírle, y de rodillas,
palpitando de emoción,
dijo: "¿Lo veis, hijos míos?"
La Virgen siempre escuchó
la plegaria de los niños
y los ayes del dolor".

LIED

Eramos tres hermanas. Dijo una:
"vendrá el amor con la primera estrella...."
Vino la muerte y nos dejó sin ella.

Eramos dos hermanas: Me decía:
"vendrá la muerte y quedarás tú sola...."
Pero el amor llevóla.

Yo clamaba, yo clamo: "¡Amor o muerte!"
"¡Amor o muerte quiero!"
Y todavía espero....

BOHEMIA

Llegaron mis amigos de colegio
y absortos vieron mi cadáver frío.
"Pobre", exclamaron y salieron todos:
ninguno de ellos un adiós me dijo.

Todos me abandonaron. En silencio
fuí conducido al último recinto;
ninguno dió un suspiro al que partía,
ninguno al cementerio fué conmigo.

Cerró el sepulturero mi sepulcro;
me quejé, tuve miedo y sentí frío,
y gritar quise en mi cruel angustia,
pero en los labios expiró mi grito.

El aire me faltaba y luché en vano
por destrozar mi féretro sombrío,
y en tanto...., los gusanos devoraban,
cual suntuoso festín, mis miembros rígidos.

"Oh, mi amor, dije al fin, ¿y me abandonas?"
Pero al llegar su voz a mis oídos
sentí latir el corazón de nuevo,
y volví al triste mundo de los vivos.

Me alcé y abrí los ojos. ¡Cómo hervían
las copas de licor sobre los libros!
El cuarto daba vueltas, y dichosos
bebían y cantaban mis amigos.

LA CABELLERA

¡Oh vellón, que se riza casi hasta la cadera!
¡Oh bucles! ¡Oh perfume cargado de desvelo!
¡Extasis! Por que puedan poblar la alcoba entera
los recuerdos que duermen en esta cabellera,
en el aire agitarla quiero como un pañuelo.

El Asia perezosa y el Africa quemada,
todo un mundo lejano y ausente se consume
en tus profundidades ¡oh selva perfumada!
Así como hay espíritu que en la música nada,
el mío, oh mi querida navega en tu perfume.

Yo me iré donde árboles y hombres de pujante
savia llenos, desmayan de ardientes calenturas;
¡gruesas trenzas, sed olas, y empujadme adelante!
Contienes, mar de ébano, un sueño deslumbrante
de velas, de remeros, llamas y arboladuras:

Un puerto resonante en que mi alma ha abrevado
largamente el sonido, el perfume, el color;
donde los navíos, sobre el moaré dorado
del agua abren los brazos frente a un ilimitado
cielo puro en que vibra el eterno calor.

De embriaguez anhelosa hundiré mi cabeza
en ese negro océano que al otro ha encarcelado;
y mi espíritu, por el vaivén acariciado,
sabrá recuperaros, oh fecunda pereza,
balanceo infinito del ocio embalsamado.

Oh cabellos azules, tinieblas extendidas,
me devolveéis el cielo, que redondo azulea;
en la punta de vuestras guedejas retorcidas,
me embriagan con ardor las esencias fundidas
del aceite de coco, el almizcle y la brea.

Largo tiempo, por siempre, mi mano en la espesura
de tu crin, sembrará perla, rubí, diamante,
para que a mi deseo jamás te muestres dura.
¿No eres oasis donde yo sueño, y embriagante
vaso en que apuro a sorbos el vino del recuerdo?

VOLVERAN LAS OSCURAS GOLONDRINAS

Volverán las oscuras golondrinas
en tu balcón sus nidos a colgar,
y otra vez con el ala en sus cristales
    jugando llamarán;

Pero aquellas que el vuelo refrenaban
tu hermosura y mi dicha al contemplar,
aquellas que aprendieron nuestros nombres....
    Esas.... ¡no volverán!

Volverán las tupidas madreselvas
de tu jardín las tapias a escalar,
y otra vez en la tarde, aún más hermosas,
    sus flores se abrirán;

Pero aquellas, cuajadas de rocío
cuyas gotas mirábamos temblar
y caer, como lágrimas del día....
    Esas.... ¡no volverán!

Volverán del amor en tus oídos
las palabras ardientes a sonar;
tu corazón de su profundo sueño
    Tal vez despertará;

Pero mudo y absorto y de rodillas,
como se adora a Dios ante su altar,
como yo te he querido.... desengáñate.
    ¡Así no te querrán!

RIMAS

—¿Qué es poesía? —me dices mientras
clavas en mi pupila tu pupila azul;
¿qué es poesía? ¿Y tú me lo preguntas?
Poesía.... ¡eres tú!

LXXVIII

Una mujer envenenó mi alma;
otra mujer envenenó mi cuerpo;
ninguna de las dos vino a buscarme;
yo de ninguna de las dos me quejo.
Como el mundo es redondo, el mundo rueda
si mañana, rodando, este veneno
envenena a su vez, ¿por qué acusarme?
¿Puedo dar más de lo que a mí me dieron?

EN EL CIRCO ROMANO

(La Muerte de Marciano)

Marciano, mal cerradas las heridas
que recibió ayer mismo en el tormento....
presentóse en la arena, sostenido
por dos esclavos; vacilante y trémulo.
Causó impresión profunda su presencia;
"¡Muera el cristiano, el incendiario, el pérfido!"
Gritó la multitud con un rugido
por lo terrible, semejante al trueno;
como si aquel insulto hubiera dado
vida de pronto y fuerzas al enfermo,
Marciano al escucharlo, irguióse altivo,
desprendióse del brazo de los siervos,
alzó la frente, contempló a la turba
y con raro vigor, firme y sereno
cruzando solo la sangrienta arena,
llegó al pie mismo del estrado regio;
puede decirse que el valor de un hombre,
a más de ochenta mil impuso miedo.
porque la turba al avanzar Marciano,
como asustada de él, guardó silencio;
llegando a todas partes sus palabras
que resonaron en el circo entero:
—César —le dijo— Miente quien afirme,
que a Roma he sido yo quien prendió fuego,
si eso me hace morir, muero inocente
y lo juro ante Dios que me está oyendo!
pero, si mi delito es ser cristiano,
haces bien en matarme, porque es cierto:
creo en Jesús, practico su doctrina
y la prueba mejor de que en él creo,

es que en lugar de odiarte: ¡te perdono!
y al morir por mi fe, muero contento—.
No dijo más, tranquilo y reposado
acabó su discurso, al mismo tiempo
que un enorme león saltaba al circo
la rizada melena sacudiendo;
avanzaron los dos, uno hacia el otro,
él, los brazos cruzados sobre el pecho,
la fiera, echando fuego por los ojos,
y la ancha boca, con delicia abriendo.

Llegaron a encontrarse frente a frente
se miraron los dos, y hubo un momento
en que el león, turbado, parecía,
cual si en presencia de hombre tan sereno,
rubor sintiera el indomable bruto,
de atacarlo, mirándolo indefenso.
Duró la escena muda, largo rato
pero al cabo, del hijo del desierto
la fiereza. venció, lanzó un rugido,
se arrastró lentamente por el suelo
y de un salto cayó sobre su víctima.
En estruendoso aplauso rompió el pueblo....
brilló la sangre, se empapó la arena
y aún de la lucha en el furor tremendo,
Marciano con grito de agonía:
—Te perdono, Nerón —dijo de nuevo.
Aquel grito fué el último; la zarpa
del feroz animal cortó el aliento
y allí acabó la lucha. Al poco rato
ya no quedaba más de todo aquello
que unos ropajes rotos y esparcidos
sobre un cuerpo también roto y deshecho:
una fiera bebiendo sangre humana
y una plebe frenética aplaudiendo.

LA VIDA ES SUEÑO

Sueña el rey que es rey, y vive
con este engaño mandando,
disponiendo y gobernando;
y este aplauso que recibe
prestado, en el viento escribe;
y en cenizas le convierte
la Muerte ¡desdicha fuerte!
¡Que hay quien intente reinar
viendo que ha de despertar
en el sueño de la muerte!
Sueña el rico en su riqueza
que más cuidados le ofrece,
sueña el pobre que padece
su miseria y su pobreza,
sueña el que a medrar empieza,
sueña el que afana y pretende,
sueña el que agravia y ofende,
y en el mundo, en conclusión,
todos sueñan lo que son
aunque ninguno lo entiende.
Yo sueño que estoy aquí
de estas cadenas cargado,
y soñé que en otro estado
más lisonjero me ví.
¿Qué es la vida? Un frenesí.
¿Qué es la vida? Una ilusión;
una sombra, una ficción,
y el mayor bien es pequeño,
¡Que toda la vida es sueño,
y los sueños, sueños son!

DECIMA

Esa seda que rebaja
tus procederes cristianos
obra fué de los gusanos
que labraron su mortaja.
También en la región baja
la tuya han de devorar.
¿De qué te puedes jactar
ni en qué tus glorias consisten
si unos gusanos te visten
y otros te han de desnudar?

¡QUIEN SUPIERA ESCRIBIR!

I

—Escribidme una carta, señor cura.
     —Ya sé para quién es.
—¿Sabéis quién es, porque una noche oscura
     nos visteis juntos? —Pues....

—Perdonad, mas....—No extraño ese tropiezo.
     La noche.... la ocasión....
Dadme pluma y papel. Gracias. Empiezo:
     Mi querido Ramón:

—Querido?.... Pero, en fin, ya lo habéis puesto.
     —Si no queréis....—¡Sí, sí!
—*¡Qué triste estoy! ¿No es eso?*—Por supuesto
     ¡qué triste estoy sin ti!

Una congoja, al empezar, me viene
     —¿Cómo sabéis mi mal?....
—Para un viejo, una niña siempre tiene
     el pecho de cristal.

¿Qué es sin ti el mundo? Un valle de amargura.
     ¿Y contigo. Un edén.
—Haced la letra clara, señor cura:
     que lo entienda eso bien.

El beso aquel que de marcha a punto
     te di....—¿Cómo sabéis?....
—Cuando se va y se viene y se está junto,
     siempre.... no os afrentéis....

Y si volver tu afecto no procura,
    tanto me harás sufrir
—¿Sufrir y nada más? No, señor cura,
    ¡que me voy a morir!

—¿Morir? ¿Sabéis que es ofender al cielo?....
    —Pues, sí, señor, ¡morir!
—Yo no pongo *morir.*—¡Qué hombre de hielo!
    ¡Quién supiera escribir!

II

¡Señor rector, señor rector!, en vano
    me queréis complacer,
si no encarnan los signos de la mano
    todo el ser de mi ser.

Escribidle, por Dios, que el alma mía
    ya en mí no quiere estar;
que la pena no me ahoga cada día....
    porque puedo llorar.

Que mis labios, las rosas de su aliento,
    no se saben abrir;
que olvidan de la risa el movimiento
    a fuerza de sentir.

Que mis ojos, que él tiene por tan bellos,
    cargados con mi afán,
como no tienen quien se mire en ellos
    cerrados siempre están.

Que es, de cuantos tormentos he sufrido,
     la ausencia el más atroz;
que es un perpetuo sueño de mi oído
     el eco de su voz....

Que siento por su causa, ¡el alma mía
     goza tanto en sufrir!....
Dios mío, ¡cuántas cosas le diría
     si supiera escribir!....

III

EPILOGO

—Pues señor, ¡bravo amor! Copio y concluyo:
     A don Ramón.... En fin,
que es inútil saber, para esto —arguyo—
ni el griego ni el latín.

LA SILLA QUE AHORA NADIE OCUPA

Con la vista clavada sobre la copa
se hallaba abstraído el padre desde hace rato:
pocos momentos hace rechazó el plato
del cual apenas quiso probar la sopa.

De tiempo en tiempo, casi furtivamente,
llega en silencio alguna que otra mirada
hasta la vieja silla desocupada
que alguien, de olvidadizo, colocó enfrente.

Y, mientras ensombrecen todas las caras,
cesa de pronto el ruido de las cucharas
porque insistentemente, como empujado

por esa idea fija que no se va,
el menor de los chicos ha preguntado
cuándo será el regreso de la mamá.

LAGRIMAS

Una noche, Jesús meditabundo,
—con sus ojos tan grandes y tan tristes—
entre las sombras contemplaba el mundo.
La oscuridad en torno se extendía
como una mancha de carbón:
un inmenso sudario parecía!....

Y al contemplar la ingratitud humana,
más negra que la noche más oscura
y que la niebla espesa,
suspiró con dolor, con amargura.
Inclinó sobre el pecho la cabeza,
y lloró.... lloró mucho, lentamente.
Jesús abrió los ojos,
—esos ojos tan grandes y tan tristes—
que parecían llorar eternamente,
y al contemplar la bóveda sombría,
semejante a un oscuro terciopelo,
se secaron sus lágrimas.... había
un reguero de estrellas en el cielo....!

EL ROSARIO DE MI MADRE

De la pobreza de tu herencia triste,
sólo he querido, oh madre, tu rosario;
sus cuentas me parecen el calvario
que en tu vida de penas recorriste.

Donde los dedos, al azar, pusiste,
como quien reza a Dios ante el sagrario
en mis horas de errante solitario
voy poniendo los besos que me diste.

Los cristales prismáticos y oscuros,
collar de cuentas y de besos puros,
me ponen, al dormir, círculo bello.

Y, de mi humilde lecho entre el abrigo,
¡me parece que tú rezas conmigo
con tus brazos prendidos a mi cuello!

LA VACA CIEGA

Topando la cabeza con los troncos,
la inolvidable vía de la fuente,
la vaca sigue a solas. Está ciega.
Temerario zagal le saltó un ojo
de una pedrada cruel; cubren el otro
densas nubes; está ciega la vaca.
El manantial acostumbrado busca;
mas ya no va con arrogante paso.
ni con sus compañeras; va ella sola.
Sus hermanas, en cerros, en cañadas,
en el prado, en las márgenes del río,
hacen sonar los esquilones mientras
pacen la fresca hierba.... Ella caería.
De hocicos da con la tallada piedra
del tosco abrevadero, y retrocede
avergonzada; pero torna al punto,
inclina la testuz y bebe lenta.
Apenas tiene sed. Levanta luego
al cielo, enorme la enastada frente
con un trágico gesto; parpadea
sobre los ojos lóbregos, y huérfana
de luz, sufriendo el Sol, que arde y abrasa,
vuelve con marcha trémula, moviendo
lánguida y mustia la tendida cola.

LA FABRICA

Abriéndose en hileras de urdimbre complicada,
se agitan los telares con musical rumor,
y van entretejiendo la fibra delicada
que ha de cubrir al pobre lo mismo que al señor.

Como cordajes breves de límpidas alburas,
los hilos a millares sacuden su tensión,
y el fabricante cuida y enlaza las roturas
que causan en las hebras las motas de algodón.

Los hilos que recorren aquella rueca breve,
se enlazan a otros hilos de forma transversal,
como si fueran copos de escarmenada nieve
entrelazando el seco ramaje de un rosal.

Los carreteles crujen repletos con su trama
que hilan y desenredan los peines a la vez;
y todo aquel cordaje sutil se desparrama
sobre los bastidores de hilada tirantez.

Giran vertiginosos carretes y redinas
que cantan al trabajo sublime y redentor
y retiran los tórculos las leves muselinas
que ya con forma artística se enredan al tambor.

Cruje la maquinaria con ecos soberanos
y sobre la grandeza de aquel gigante altar,
levanta el pueblo noble con su millón de manos,
las hostias con que vuelve solícito a su hogar.

¡Oh lucha de los pobres!..... ¡Oh batalla del arte!
tu vigor es progreso, tu progreso es altar;
cada fábrica abierta, para ti es un baluarte,
cada obrero un soldado, cada triunfo un telar.

Mientras que cantan gloria tus altas chimeneas
y escarmenados se unen tus copos de algodón,
identifico mi alma con tus mismas ideas
y con tus mismas ansias lleno mi corazón.

LOS CRISTOS MUDOS

En los claustros desiertos,
hay Cristos que con ojos entreabiertos
inspiran una eterna compasión;
Cristos de frente triste y labios yertos
que aprietan de quebranto el corazón.

Hay Cristos que al fulgor de la divina
lámpara, que sus llagas ilumina,
contemplan con dolor grande y profundo
al reptil de los males que camina
vencedor y terrible por el mundo.

Hay Cristos que no saben
cuántas inmensas desventuras caben
en muchos corazones oprimidos;
ni alivian el dolor de los que imploran,
ni reavivan la fe de los que lloran,
ni suavizan la cruz de los caídos.

Hay Cristos que parecen tener pena
por no poder cambiar la angustia ajena
que se retuerce con agudo grito;
Cristos que con amargo desconsuelo
alzan la frente al cielo
y dudan que aún exista el infinito.

Hay Cristos desolados
que reclinan la frente en sus costados
donde ruedan las lágrimas salobres,
y al oír las blasfemias de los pobres,
se arrepienten de estar crucificados.

Hay Cristos que en su inmensa desventura
comprenden que es inútil la tortura
y el hondo afán que les lastima el pecho;
Cristos que con extática mirada
ven cruzar por la tierra desolada
niños enclenques sin amor ni lecho.

Cristos tristes y pálidos y yertos
que en los claustros desiertos
lloran su angustia palpitante y sola,
y desploman la frente entristecida
viendo a la humanidad rodar perdida

LA CAIDA DE LAS HOJAS

Cayó como una rosa en mar revuelto....
y desde entonces a llevar no he vuelto
a su sepulcro lágrimas ni amores.
Es que el ingrato corazón olvida,
cuando está en los deleites de la vida,
que los sepulcros necesitan flores.

Murió aquella mujer con la dulzura
de un lirio deshojándose en la albura
del manto de una virgen solitaria:
su pasión fué más honda que el misterio,
vivió como una nota de salterio,
murió como una enferma pasionaria.

Espera, —me decía suplicante—
todavía el desengaño está distante....
no me dejes recuerdos ni congojas;
aún podemos amar con mucho fuego;
no te apartes de mí, yo te lo ruego;
espera la caída de las hojas....

Espera la llegada de las brumas,
cuando caigan las hojas y las plumas
en los arroyos de aguas entumidas,
cuando no haya en el bosque enredaderas
y noviembre deshoje las postreras
rosas fragantes al amor nacidas.

Hoy no te vayas, alejarte fuera
no acabar de vivir la primavera
de nuestro amor, que se consume y arde;
todavía no hay caléndulas marchitas
y para que me llores necesitas
esperar la llegada de la tarde.

Entonces, desplomando tu cabeza
en mi pecho, que es nido de tristeza,
me dirás lo que en sueños me decías,
pondrás tus labios en mi rostro enjuto
y anudarás con un listón de luto
mis manos cadavéricas y frías.

¡No te vayas, por Dios....! Hay muchos nidos
y rompen los claveles encendidos
con un beso sus vírgenes corolas:
todavía tiene el alma arrobamientos
y se pueden juntar dos pensamientos
como se pueden confundir dos olas.

Deja que nuestras almas soñadoras,
con el recuerdo de perdidas horas,
cierren y entibien sus alitas pálidas,
y que se rompa nuestro amor en besos,
cual se rompe en los árboles espesos,
en abril, un torrente de crisálidas.

¿No ves como el amor late y anida
en todas las arterias de la vida
que se me escapa ya?.... Te quiero tanto
que esta pasión que mi tristeza cubre,
me llevará como una flor de octubre
a dormir para siempre al camposanto.

Me da pena morir siendo tan joven,
porque me causa celo que me roben
este cariño que la muerte trunca!
Y me presagia el corazón enfermo
que si en la noche del sepulcro duermo,
no he de volver a contemplarte nunca.

¡Nunca!.... ¡Jamás!.... En mi postrer regazo
no escucharé ya el eco de tu paso,
ni el eco de tu voz.... ¡Secreto eterno!
Si dura mi pasión tras de la muerte
y ya no puedo cariñosa verte,
me voy a condenar en un infierno.

¡Ay tanto amor para tan breve instante!
¿Por qué la vida, cuanto más amante
es más fugaz? ¿Por qué nos brinda flores,
flores que se marchitan sin tardanza,
al reflejo del sol de la esperanza
que nunca deja de verter fulgores?

¡No te alejes de mí, que estoy enferma!
Espérame un instante.... cuando duerma,
cuando ya no contemples mis congojas....
¡perdona si con lágrimas te aflijo!....
—Y cerrando sus párpados, me dijo:
¡espera la caída de las hojas!
....

¡Ha mucho tiempo el corazón cobarde
la olvidó para siempre! Ya no arde
aquel amor de los lejanos días....
Pero ¡ay! a veces al soñarla, siento
que estremecen mi ser calenturiento
sus manos cadavéricas y frías....!

NUBLOS

Ausencia quiere decir olvido,
decir tinieblas, decir jamás;
las aves pueden volver al nido,
pero las almas que se han querido,
cuando se alejan, no vuelven más.

¿No te lo dice la luz que expira?
¡Sombra es la ausencia, desolación!....
Si tantos sueños fueron mentira,
¿por qué se queja cuando suspira
tan hondamente mi corazón?

¡Nuestro destino fué despiadado!
¿Quién al destino puede vencer?
La ausencia quiere decir nublado....
¡No hay peor infierno que haberse amado
para ya nunca volverse a ver!

¡Qué lejos se hallan tu alma y la mía!
La ausencia quiere decir capuz;
la ausencia es noche, noche sombría;
¿en qué ofendimos al cielo un día
que así nos niega su tibia luz?

Nuestras dos almas, paloma y nido,
calor y arrullo, no vuelven más
a la ventura del bien perdido....
¡La ausencia quiere decir olvido....
decir tinieblas.... decir jamás!

SAN PEDRO

Aquel hombre tosco, Pedro, que, apretando los puños, ju-
raba, levantó a Dios la mano el primero, y juró, no lo igno-
raba sino al Cristo vivo, dando palabra, es El, ante sus ojos
(hecho y estatura.
Por eso es Pedro, porque creyó lo que veía, por eso es pie-
(dra que para la eternidad dura.
Jesús mismo esperó que Pedro le manifestara;
y yo, como él creía en Dios, creo que Pedro la verdad de-
clara. "¿Me amas, Pedro?" le pregunta el Señor por tres
veces.
Y Pedro, por tres veces tentado, hace un instante, le negó
(tres veces
contesta, con amargas lágrimas: ¡Señor, bien sabéis lo que
(os amo.
Apacienta por siempre mis ovejas; de todos los rebaños del
(Pastor supremo, pastor te llamo.
—Mas ya se lo llevan a él ahora, es de noche:
parar se le ve y quitarse la túnica, como en Genezareth, de
(mañana, yendo a pescar,
y al mirar la cruz preparada, clavada hacia abajo ambas ra-
(mas del madero,
sonríe entre sus barbas blancas el viejo Papa misionero.
San Pedro, el primer Papa, está en pie sobre el Vaticano
y a la luz del sol que se pone bendice a Roma y al mundo
(con su encadenada mano
Como le crucifiján con la cabeza abajo, hacia el cielo se
(exaltan los pies apostólicos.

Cristo es la cabeza, mas Pedro es la base y el movimiento
(de la religión católica.
Jesús plantó en tierra la cruz, mas Pedro en el cielo raíces le
da A través de las verdades eternas sólidamente atado será.
Pende Jesús con todo su peso hacia la tierra como fruto en
(la rama,
mas Pedro está crucificado como en un ancla, hacia lo más
(hondo del abismo y el vértigo que la llama.
Ve del revés el cielo cuyas llaves tiene, el reino que en Ce-
(fas reposa.
Ve a Dios y la sangre de sus pies en la cara le cae gota a gota.
Ya su hermano Pablo acabó y allí está como su adelanta-
do, como la epístola precede al evangelio y se mantiene a
su lado. Sus cuerpos tendidos juntos bajo una gran losa es-
(peran al Creador.
¡Roma feliz, de tal modo por segunda vez fundada sobre
(uno y otro fundador!

REDONDILLAS

Hombres necios, que acusáis
a la mujer sin razón,
sin ver que sois la ocasión
de lo mismo que culpáis.

Si con ansia sin igual,
solicitáis su desdén,
¿por qué queréis que obren bien
si las incitáis al mal?

Combatís la resistencia
y luego con gravedad,
decís que fué liviandad
lo que hizo la diligencia.

Parecer quiere el denuedo
de vuestro parecer loco
al niño que pone el coco
y luego le tiene miedo.

Queréis con presunción necia,
hallar a la que buscáis,
para pretendida, Thais,
y en la posesión, Lucrecia.

¿Qué humor puede ser más raro,
que el que falto de consejo,
él mismo empaña el espejo
y siente que no esté claro?

Con el favor y el desdén
tenéis condición igual,
quejándoos, si os tratan mal,
burlándoos, si os quieren bien.

Opinión ninguna gana,
pues la que más se recata
si no os admite, es ingrata,
y si os admite, es liviana.

Siempre tan necios andáis,
que con desigual nivel,
a una culpáis por cruel,
y la otra por fácil culpáis.

¿Pues cómo ha de estar templada
la que vuestro amor pretende,
si la que es ingrata ofende
y la que es fácil enfada?

Mas entre el enfado y pena
que vuestro gusto prefiere,
bien haya la que no os quiere
y quejaos enhorabuena.

Dan vuestras amantes penas
a sus libertades alas,
y después de hacerlas malas
las queréis hallar muy buenas.

¿Cuál mayor culpa ha tenido
en una pasión errada,
la que cae de rogada,
o el que ruega de caído?

¿O cuál es más de culpar
aunque cualquiera mal haga:
la que peca por la paga
o el que paga por pecar?

¿Pues para qué os espantáis
de la culpa que tenéis?
queredlas cual las hacéis
o hacedlas cual las buscáis.

Dejad de solicitar,
y después, con más razón,
acusaréis la afición
de la que os fuere a rogar.

Bien, con muchas armas fundo
que lidia vuestra arrogancia:
pues en promesa e instancia.
juntáis diablo, carne y mundo.

LOS MOTIVOS DEL LOBO

El varón que tiene corazón de lis,
alma de querube, lengua celestial,
el mínimo y dulce Francisco de Asís,
está con un rudo y torvo animal,
bestia temerosa, de sangre y de robo,
las fauces de furia, los ojos de mal.

El lobo de Gubbia, el terrible lobo,
rabioso ha asolado los alrededores,
cruel ha deshecho todos los rebaños;
devoró corderos, devoró pastores,
y son incontables sus muertes y daños.

Fuertes cazadores armados de hierros
fueron destrozados. Los duros colmillos
dieron cuenta de los más bravos perros,
como de cabritos y de corderillos.
Francisco salió.
Al lobo buscó
en su madriguera.
Cerca de la cueva encontró a la fiera
enorme, que al verle se lanzó feroz
contra él. Francisco, con su dulce voz,
alzando la mano,
al lobo furioso dijo: *"¡Paz, hermano
lobo!"* El animal
contempló al varón de tosco sayal;
dejó su aire arisco,
cerró las abiertas fauces agresivas,
y dijo:

—¡Está bien, hermano Francisco!
—¡Cómo!—exclamó el santo—. ¿Es ley que
tu vivas de horror y de muerte?
¿La sangre que vierte
tu hocico diabólico, el duelo y espanto
que esparces, el llanto
de los campesinos, el grito, el dolor
de tanta criatura de Nuestro Señor,
¿No han de contener tu encono infernal?
¿Vienes del infierno?
¿Te ha infundido acaso su rencor eterno
Luzbel o Belial?
Y el gran lobo, humilde:
—¡Es duro el invierno,
y es horrible el hambre! En el bosque helado
no hallé qué comer: y busqué el ganado.
y en veces comí ganado y pastor.
¿La sangre? Yo ví más de un cazador
sobre su caballo, llevando el azor
al puño; o correr tras el jabalí,
el oso o el ciervo; y a más de uno ví
mancharse de sangre, herir, torturar,
de las roncas trompas al sordo clamor,
a los animales de Nuestro Señor.
Y no era por hambre,
que iban a cazar.
Francisco responde:—En el hombre existe
mala levadura.
Cuando nace viene con pecado. Es triste.
Mas el alma simple de la bestia es pura.
Tú vas a tener
desde hoy qué comer.
Dejarás en paz
rebaños y gente en este país.
¡Que Dios melifique tu ser montaraz!

—Está bien, hermano Francisco de Asís.
—Ante el Señor, que todo ata y desata,
en fe de promesa tiéndeme la pata.
El lobo tendió la pata al Hermano
de Asís, que a su vez le alargó la mano.
Fueron a la aldea. La gente veía
y lo que veía casi no creía.
Tras el religioso iba el lobo fiero,
y, baja la testa, quieto le seguía
como un can de casa, o como un cordero.

Francisco llamó la gente a la plaza
y allí predicó.
Y dijo: —He aquí una amable caza.
El hermano lobo se viene conmigo;
me juró no ser ya nuestro enemigo,
y no repetir su ataque sangriento.
Vosotros, en cambio, daréis su alimento
a la pobre bestia de Dios. —¡Así sea!
contestó la gente toda de la aldea.
y luego, en señal
de contentamiento,
movió testa y cola el buen animal
y entró con Francisco de Asís al convento.

Algún tiempo estuvo el lobo tranquilo
en el santo asilo.
Sus vastas orejas los salmos oían
y los claros ojos se le humedecían
Aprendió mil gracias y hacía mil juegos
cuando a la cocina iba con los legos.
Y cuando Francisco su oración hacía,
el lobo las pobres sandalias lamía.
Salía a la calle,
iba por el monte, descendía al valle,

entraba a las casas y le daban algo
de comer. Mirábanle como a un manso galgo.
Un día, Francisco se ausentó. Y el lobo
dulce, el lobo manso y bueno, el lobo probo,
desapareció, tornó a la montaña,
y recomenzaron su aullido y su saña.
Otra vez sintióse el temor, la alarma
entre los vecinos y entre los pastores;
colmaba el espanto los alrededores,
de nada servían el valor y el arma,
pues la bestia fiera
no dió tregua a su furor jamás,
como si tuviera
fuegos de Moloch y de Satanás.

Cuando volvió al pueblo el divino santo,
todos lo buscaron con quejas y llanto,
y con mil querellas dieron testimonio
de lo que sufrían y penaban tanto
por aquel infame lobo del demonio.

Francisco de Asís se puso severo.
Se fué a la montaña
a buscar al falso lobo carnicero.
Y junto a su cueva halló a la alimaña.
—*En nombre del Padre del sacro Universo,*
Conjúrote —dijo— ¡oh, lobo perverso!,
a que me respondas:—¿Por qué has vuelto al mal?
contesta. Te escucho.
Como en sorda lucha habló el animal,
la boca espumosa y el ojo fatal:

—*Hermano Francisco, no te acerques mucho..*
yo estaba tranquilo allá, en el convento,
al pueblo salía,

y si algo me daban estaba contento,
y manso comía.
Mas empecé a ver que en todas las casas
estaban la Envidia, la Saña, la Ira,
y en todos los rostros ardían las brasas
de odio, lujuria, infamia y mentira.
Hermanos a hermanos hacían la guerra,
perdían los débiles, ganaban los malos,
hembra y macho eran como perro y perra,
y un buen día todos me dieron de palos.
Me vieron humilde, lamía las manos
y los pies. Según tus sagradas leyes,
todas las criaturas eran mis hermanos,
los hermanos hombres, los hermanos bueyes
hermanas estrellas y hermanos gusanos.
Y así, me apalearon y me echaron fuera,
y su risa fué como un agua hirviente,
y entre mis entrañas revivió la fiera,
y me sentí lobo malo de repente;
mas siempre mejor que esa mala gente.
Y recomencé a luchar aquí,
a me defender y a me alimentar,
como el oso hace, como el jabalí,
que para vivir, tienen que matar.
Déjame en el monte déjame en el risco,
déjame existir en mi libertad;
vete a tu convento, hermano Francisco,
sigue tu camino y tu santidad.

El santo de Asís no le dijo nada.
Le miró con una profunda mirada,
y partió con lágrimas y con desconsuelos,
y habló al Dios Eterno con su corazón.
El viento del bosque llevó su oración,
Que era: Padre nuestro, que estás en los cielos....!

A ROOSEVELT

Es con voz de la Biblia o verso de Walt Whitman,
que habría que llegar hasta ti, cazador.
Primitivo y moderno, sencillo y complicado,
con un algo de Wáshington y cuatro de Nemrod.
Eres los Estados Unidos,
eres el futuro invasor
de la América ingenua que tiene sangre indígena,
que aún reza a Jesucristo y aún habla en español.
Eres soberbio y fuerte ejemplar de tu raza;
eres culto, eres hábil; te opones a Tolstoy.
Y domando caballos o asesinando tigres,
eres un Alejandro-Nabucodonosor.
(Eres un profesor de Energía,
como dicen los locos de hoy.)
Crees que la vida es incendio,
que el progreso es erupción,
que en donde pones la bala
el porvenir pones.
No.
Los Estados Unidos son potentes y grandes.
Cuando ellos se estremecen hay un hondo temblor
que pasa por las vértebras enormes de los Andes.
Si clamáis se oye como el rugir del león.
Ya Hugo a Grant le dijo: las estrellas son vuestras.
(Apenas brilla, alzándose, el argentino sol
y la estrella chilena se levanta....) Sois ricos.
Juntáis al culto de Hércules el culto de Mammón,

y alumbrando el camino de la fácil conquista,
La Libertad levanta su antorcha en Nueva York.
Mas la América nuestra, que tenía poetas
desde los viejos tiempos de Netzahualcoyotl,
que ha guardado las huellas de los pies del gran Baco
que el alfabeto pánico en un tiempo aprendió;
que consultó los astros, que conoció la Atlántida
cuyo nombre nos llega resonando en Platón,
que desde los remotos momentos de su vida
vive de luz, de fuego, de perfume, de amor,
la América del grande Moctezuma, del Inca,
la América fragante de Cristóbal Colón,
la América católica, la América española,
la América en que dijo el grande Guatemoc:
"Yo no estoy en un lecho de rosas"; esa América
que tiembla de huracanes y que vive de Amor,
hombres de ojos sajones y alma bárbara, vive.
Y sueña. Y ama, y vibra, y es la hija del sol.
Tened cuidado. ¡Vive la América española!
Hay mil cachorros sueltos del León español.
Se necesitaría, Roosevelt, ser por Dios mismo,
el riflero terrible y el fuerte cazador,
para poder tenernos en vuestras férreas garras.
Y, pues contáis con todo, falta una cosa: ¡Dios!

A GLORIA

No intentes convencerme de torpeza
con los delirios de tu mente loca:
mi razón es al par luz y firmeza,
firmeza y luz como el cristal de roca!

Semejante al nocturno peregrino,
mi esperanza inmortal no mira el suelo:
no viendo más que sombra en el camino,,
sólo contempla el esplendor del cielo.

Vanas son las imágenes que entraña
tu espíritu infantil, santuario oscuro.
Tu numen, como el oro en la montaña,
es virginal y por lo mismo impuro.

A través de este vórtice que crispa,
y ávido de brillar, vuelo o me arrastro,
oruga enamorada de una chispa
o águila seducida por un astro.

Inútil es que con tenaz murmullo
exageres el lance en que me enredo:
yo soy altivo, y el que alienta orgullo
lleva un broquel impenetrable al miedo.

Fiado en el instinto que me empuja;
desprecio los peligros que señalas:
"El ave canta aunque la rama cruja;
como que sabe lo que son sus alas".

Erguido bajo el golpe en la porfía,
me siento superior a la victoria.
Tengo fe en mí: la adversidad podría
quitarme el triunfo, pero no la gloria.

¡Deja que me persigan los abyectos!
¡Quiero atraer la envidia, aunque me abrume!
La flor en que se posan los insectos
es rica de matiz y de perfume.

El mal es el teatro en cuyo foro
la virtud, esa trágica, descuella;
es la sibila de palabra de oro,
la sombra que hace resaltar la estrella.

¡Alumbrar es arder!—¡Astro encendido
será el fuego voraz que me consuma!
La perla brota del molusco herido
y Venus nace de la amargura espuma.

Los claros timbres de que estoy ufano
han de salir de la calumnia ilesos.
Hay plumajes que cruzan el pantano
y no se manchan.... ¡mi plumaje es de esos!

¡Fuerza es que sufra mi pasión!—La palma
crece en la orilla que el oleaje azota.

El mérito es el náufrago del alma;
vivo, se hunde, pero muerto flota!

Depón el ceño y que tu voz me arrulle!
Consuela el corazón del que te ama!
Dios dijo al agua del torrente: bulle!
y al lirio de la margen: embalsama!

¡Confórmate, mujer!—Hemos venido
a este valle de lágrimas que abate,
tú como la paloma, para el nido,
y yo, como el león, para el combate.

LA ORACION DEL PRESO

Señor, tenme piedad, aunque a ti clame
sin fe! Perdona que te niegue o riña
y al ara tienda con bochorno infame!

Vuelvo al antiguo altar. No en vano ciña
guirnaldas un león y desparrame
riego que pueda prosperar tu viña!

Líbrame por merced, como te plugo
a Bautista y Apóstol en Judea,
ya que no me suicido ni me fugo!

Inclínate al cautivo que flaquea;
y salvo, como Juan por el verdugo,
o como Pedro por el ángel, sea!

Habito un orco infecto; y en el manto
resulto cebo a chinche y pulga y piojo;
y afuera el odio me calumnia en tanto!

¿Qué mal obré para tamaño enojo?
El honor del poeta es nimbo santo
y la sangre de un vil es fango rojo!

Mi pobre padre cultivó el desierto.
Era un hombre de bien, un sabio artista,
y de vergüenza y de pesar ha muerto!

¡Oh mis querubes! Con turbada vista
columbro ahora el celestial e incierto
grupo que aguarda, y a quien todo atrista!

Y oigo un sordo pilar de nido en rama,
un bullir de polluelos ante azores;
y el soplado tizón encumbra llama!

¡Dios de Israel, acude a mis amores;
y rían a manera de la grama,
que hasta batida por los pies da flores!

Cárcel de Veracruz, Septiembre de 1895.

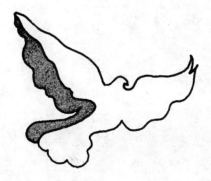

LOS PARIAS

Allá en el claro, cerca del monte.
bajo una higuera como un dosel,
hubo una choza donde habitaba
una familia que ya no es.
El padre muerto; la madre, muerta;
los cuatro niños muertos también:
él, de fatiga; ella, de angustia;
ellos de frío, de hambre y de sed!

Ha mucho tiempo que fuí al bohío
y me parece que ha sido ayer.

¡Desventurados! Ahí sufrían
ansia sin tregua, tortura cruel.
Y en vano alzando los turbios ojos,
te preguntaban, Señor, por qué;
y recurrían a tu alta gracia,
dispensadora de todo bien.

LA VUELTA DE LOS CAMPOS

La tarde paga en oro divino las faenas....
Se ven limpias mujeres vestidas de percales,
trenzando sus cabellos con tilos y azucenas
o haciendo sus labores de aguja en los umbrales.

Zapatos claveteados y báculos y chales....
Dos mozas con sus cántaros se deslizan apenas.
Huye el vuelo sonámbulo de las horas serenas.
Un suspiro de Arcadia peina los matorrales....

Cae un silencio austero.... Del charco que se nimba
estalla una gangosa balada de Marimba.
Los lagos se amortiguan con espectrales lampos,

las cumbres ya quiméricas corónanse de rosas....
y humean a lo lejos las rutas polvorosas
por donde los labriegos regresan de los campos.

LA NIÑA DE LA LAMPARA AZUL

En el pasadizo nebuloso,
con mágico sueño de Estambul,
su perfil presenta destelloso
la niña de la lámpara azul.

Agil y risueña se insinúa
y su llama seductora brilla;
tiembla en su cabello la garúa
de la playa de la maravilla.

Con voz infantil y melodiosa,
con fresco aroma de abedul
habla de una vida milagrosa
la niña de la lámpara azul.

Con cálidos ojos de dulzura
y besos de amor matutino,
me ofrece la bella criatura
un mágico y celeste camino.

CANCION DEL PIRATA

Con diez cañones por banda,
viento en popa a toda vela,
no corta el mar, sino vuela
un velero bergantín:
bajel pirata que llaman,
por su bravura, el *Temido*,
en todo mar conocido
del uno al otro confín.

La luna en el mar riela,
en la lona gime el viento,
y alza en blando movimiento
olas de plata y azul;
y ve el capitán pirata,
cantando alegre en la popa,
Asia a un lado, al otro Europa,
y allá a su frente Estambul.

"Navega, velero mío,
    sin temor;
que ni enemigo navío,
ni tormenta, ni bonanza
tu rumbo a torcer alcanza,
ni a sujetar tu valor.

"Veinte presas
hemos hecho
a despecho
del inglés,
y han rendido
sus pendones
cien naciones
a mis pies".

Que es mi barco mi tesoro
que es mi Dios la libertad,
mi ley la fuerza y el viento,
mi única patria la mar.

"Allá muevan feroz guerra
ciegos reyes
por un palmo más de tierra:
que yo tengo aquí por mío
cuanto abarca el mar bravío,
a quien nadie impuso leyes.

"Y no hay playa
sea cualquiera,
mi bandera
de esplendor,
que no sienta
mi derecho
y dé pecho
a mi valor".

Que es mi barco mi tesoro...

"A la voz de "¡barco viene",
es de ver
cómo vira y se previene

a todo trapo escapar;
que yo soy el rey del mar,
y mi furia es de temer.

　　"En las presas
　　yo divido
　　lo cogido
　　por igual:
　　sólo quiero
　　por riqueza
　　la belleza
　　sin rival".

Que es mi barco mi tesoro...

"¡Sentenciado estoy a muerte!
　Yo me río:
no me abandone la suerte
y al mismo que me condena,
colgaré de alguna antena,
quizá en su propio navío,

　　"Y si caigo,
　¿qué es la vida?
　Por perdida
　ya la di,
　cuando el yugo
　del esclavo,
　como un bravo,
　sacudí".

Que es mi barco mi tesoro...

"Son mi música mejor
aquilones:

el estrépito y temblor
de los cables sacudidos,
del negro mar los bramidos
y el rugir de mis cañones.

"Y del trueno
al son violento
y del viento
al rebramar,
yo me duermo
sosegado,
arrullado
por el mar".

Que es mi barco mi tesoro,
que es mi Dios la libertad,
mi ley la fuerza y el viento,
mi única patria la mar.

RELIQUIA

En la calle silenciosa
resonaron mis pisadas;
al llegar frente a la reja
sentí abrirse la ventana....

¿Qué me dijo? ¿Lo sé acaso?
Hablábamos con el alma....
como era la última cita,
la despedida fué larga.

Los besos y los sollozos
completaron las palabras
que de la boca salían
en frases entrecortadas.

"Rézale cuando estés triste,
dijo al darme una medalla,
y no pienses que vas solo
si en tus penas te acompaña".

Le dije adiós muchas veces,
sin atreverme a dejarla,
y al fin, cerrando los ojos,
partí sin volver la cara.

....

No quiero verla, no quiero,
¡será tan triste encontrarla
con hijos que no son míos
durmiendo sobre su falda!

¿Quién del olvido es culpable?
Ni ella ni yo: la distancia....
¿Qué pensará de mis versos?
Tal vez mucho, quizá nada.

No sabe que en mis tristezas,
frente a la imagen de plata,
invento unas oraciones,
que suplen las olvidadas.

¿Serán buenas? ¡Quién lo duda!
Son sinceras, y eso basta;
yo les rezo a mis recuerdos
frente a la tosca medalla.

Y se iluminan mis sombras,
y se alegra mi nostalgia,
y cruzan nubes de incienso
el santuario de mi alma.

VEINTE SIGLOS

Para decirte, amor, que te deseo,
sin los rubores falsos del instinto,
estuve atada como Prometeo,
pero una tarde me salí del cinto.

Son veinte siglos que movió mi mano
para poder decirte sin rubores:
"Que la luz edifique mis amores".
Son veinte siglos los que alzó mi mano!

Pasan las flechas sobre mis cabellos,
pasan las flechas, aguzados dardos!
Son veinte siglos de terribles fardos!
Sentí su peso al libertarme de ellos.

Y no creas que tenga el brazo fuerte,
mi brazo tiembla debilucho y magro,
pero he llegado entera hasta el milagro:
estoy acompañada por la muerte.

EL DULCE MILAGRO

¿Qué es esto? ¡Prodigio! Mis manos florecen.
Rosas, rosas, rosas, a mis dedos crecen.
Mi amante besóme las manos, y en ellas,
¡Oh, gracia! brotaron rosas como estrellas.

Y voy por la senda voceando el encanto,
y de dicha alterno sonrisa con llanto
y bajo el milagro de mi encantamiento
se aroman de rosas las alas del viento.

Y murmura al verme la gente que pasa:
—¿No veis que está loca? Tornadla a su casa.
¡Dice que en las manos le han nacido rosas
y las va agitando como mariposas!

¡Ah, pobre la gente que nunca comprende
un milagro de éstos y que sólo entiende,
que no nacen rosas más que en los rosales!
Y que no hay más trigo que el de los trigales!

Que requieren línea y color y forma,
y que sólo admite realidad por norma.
Que cuando uno dice:—Voy con la dulzura,
de inmediato buscan a la criatura.

Que me digan loca, que en celda me encierren,
que con siete llaves la puerta me cierren,

que junto a la puerta pongan un lebrel,
carcelero rudo, carcelero fiel.

Cantaré lo mismo:—Mis manos florecen
rosas, rosas, rosas a mis dedos crecen.
¡Y toda mi celda tendrá la fragancia,
de un inmenso ramo de rosas de Francia!

DUERME

—No duermas, —suplicante me decía,
escúchame...., despierta—.
Cuando haciendo cojín de su regazo,
soñándome besarla, me dormía.

Más tarde, ¡horror! En convulsivo abrazo
la oprimí al corazón.... rígida y yerta!
En vano la besé —no sonreía:
en vano la llamaba —no me oía;
la llamo en su sepulcro y no despierta!

PRENDIMIENTO DE ANTOÑITO EL CAMBORIO EN EL CAMINO DE SEVILLA

Antonio Torres Heredia,
hijo y nieto de Camborios,
con una vara de mimbre
va a Sevilla a ver los toros.
Moreno de verde luna,
anda despacio y garboso.
Sus empavonados bucles
le brillan entre los ojos.
A la mitad del camino
cortó limones redondos,
y los fué tirando al agua
hasta que la puso de oro.
Y a la mitad del camino,
bajo las ramas de un olmo,
guardia civil caminera
lo llevó codo con codo.

El día se va despacio,
la tarde colgada a un hombro,
dando una larga torera
sobre el mar y los arroyos.
Las aceitunas aguardan
la noche de Capricornio,
y una corta brisa, ecuestre,
salta los montes de plomo.
Antonio Torres Heredia,

hijo y nieto de Camborios,
viene sin vara de mimbre
entre los cinco tricornios.

—Antonio, ¿quién eres tú?
Si te llamaras Camborio,
hubieras hecho una fuente
de sangre con cinco chorros.
Ni tú eres hijo de nadie,
ni legítimo Camborio.
¡Se acabaron los gitanos
que iban por el monte solos!
Están los viejos cuchillos
tiritando bajo el polvo.

A las nueve de la noche
lo llevan al calabozo,
mientras los guardias civiles
beben limonada todos.
Y a las nueve de la noche
le cierran el calabozo,
mientras el cielo reluce
como la grupa de un potro.

MUERTE DE ANTOÑITO EL CAMBORIO

Voces de muerte sonaron
cerca del Guadalquivir.
Voces antiguas que cercan
voz de clavel varonil.
Les clavó sobre las botas
mordiscos de jabalí.
En la lucha daba saltos
jabonados de delfín.
Bañó con sangre enemiga
su corbata carmesí,
pero eran cuatro puñales
y tuvo que sucumbir.
Cuando las estrellas clavan
rejones al agua gris,
cuando los erales sueñan
verónicas de alhelí,
voces de muerte sonaron
cerca del Guadalquivir.

—Antonio Torres Heredia,
Camborio de dura crin,
moreno de verde luna,
voz de clavel varonil:
¿Quién te ha quitado la vida
cerca del Guadalquivir?
—Mis cuatro primos Heredias
hijos de Benamejí.
Lo que en otros no envidiaban,

ya lo envidiaban en mí.
Zapatos color corinto,
medallones de marfil,
y este cutis amasado
con aceituna y jazmín.
—¡Ay, Antoñito el Camborio,
digno de una Emperatriz!
Acuérdate de la Virgen
porque te vas a morir.
—¡Ay, Federico García,
llama a la Guardia Civil!
Ya mi talle se ha quebrado
como caña de maíz.

Tres golpes de sangre tuvo
y se murió de perfil.
Viva moneda que nunca
se volverá a repetir.
Un ángel marchoso pone
su cabeza en un cojín.
Otros de rubor cansados
encendieron su candil.
Y cuando los cuatro primos
llegan a Benamejí,
voces de muerte cesaron
cerca del Guadalquivir.

LA CASADA INFIEL

Y que yo me la llevé al río
creyendo que era mozuela
pero tenía marido.
Fué la noche de Santiago
y casi por compromiso.
Se apagaron los faroles
y se encendieron los grillos.
En las últimas esquinas
toqué sus pechos dormidos,
y se me abrieron de pronto
como ramos de jacintos.
El almidón de su enagua
me sonaba en el oído
como una pieza de seda
rasgada por diez cuchillos.
Sin luz de plata en sus copas
los árboles han crecido
y un horizonte de perros
ladra muy lejos del río.

Pasadas las zarzamoras
los juncos y los espinos,
bajo su mata de pelo
hice un hoyo sobre el limo.
Yo me quité la corbata.
Ella se quitó el vestido.
Yo el cinturón con revólver.

Ella sus cuatro corpiños.
Ni nardos ni caracolas
tienen el cutis tan fino,
ni los cristales con luna
relumbran con ese brillo.
Sus muslos se me escapaban
como peces sorprendidos,
la mitad llenos de lumbre,
la mitad llenos de frío.
Aquella noche corrí
el mejor de los caminos.
montado en potra de nácar
sin brida y sin estribos.
No quiero decir, por hombre,
las cosas que ella me dijo.
La luz del entendimiento
me hace ser muy comedido.
Sucia de besos y arena
yo me la llevé del río.
Con el aire se batían
las espadas de los lirios.

Me porté como quien soy.
Como un gitano legítimo.
La regalé un costurero
grande, de raso pajizo,
y no quise enamorarme
porque teniendo marido
me dijo que era mozuela
cuando la llevaba al río.

UN BESO NADA MAS

Bésame con el beso de tu boca,
cariñosa mitad del alma mía;
un solo beso el corazón invoca,
que la dicha de dos.... me mataría.

¡Un beso nada más!.... Ya su perfume
en mi alma derramándose la embriaga,
y mi alma por tu beso se consume
y por mis labios impacientes vaga.

¡Júntese con la tuya!.... Ya no puedo
lejos tenerla de tus labios rojos....
¡Pronto!.... dame tus labios!.... tengo miedo
de ver tan cerca tus divinos ojos!

Hay un cielo, mujer en tus abrazos;
siento de dicha el corazón opreso....
¡Oh! sosténme en la vida de tus brazos
para que no me mates con tu beso!

DESPEDIDA

Conque en entonces, adiós ¿No olvidas nada?
Bueno, vete.... Podemos despedirnos.
¿Ya no tenemos nada que decirnos?
Te dejo, puedes irte.... Aunque no, espera,
        espera todavía:
que pare de llover.... Espera un rato.
            Y sobre todo, vé bien abrigada,
pues ya sabes el frío que hace allí afuera.
Un abrigo de invierno es lo que habría
que ponerte.... ¿De modo que te he devuelto todo?
        ¿No tengo tuyo nada?
¿Has tomado tus cartas, tu retrato?

Y bien, mírame ahora, amiga mía;
puesto que en fin, ya va uno a despedirse.
        ¡Vaya! no hay que afligirse;
¡vamos! no hay que llorar. ¡que tontería!
    Y qué esfuerzo tan grande
necesitan hacer nuestras cabezas,
para poder imaginar y vernos
        otra vez los amantes
aquellos tan rendidos y tan tiernos
        que habíamos sido antes!

Nos habíamos las vidas entregado
para siempre, uno al otro eternamente.
y he aquí que ahora nos las devolvemos.
y tú vas a dejarme y yo voy a dejarte,

y pronto partiremos
cada quien con su nombre, por su lado....
Recomenzar.... vagar....
vivir en otra parte....
Por supuesto, al principio sufriremos.
Pero luego vendrá piadoso olvido,
único amigo fiel que nos perdona;
y habrá otra vez en que tú y yo tornaremos
a ser como hemos sido,
entre todas las otras, dos personas.

Así es que vas a entrar a mi pasado.
Y he de verte en la calle desde lejos,
sin cruzar, para hablarte, a la otra acera,
y nos alejaremos distraídos
y pasarás ligera
con trajes para mí, desconocidos.
Y estaremos sin vernos largos meses,
y olvidaré el sabor de tus caricias,
y mis amigos te darán noticias
de "aquel amigo tuyo",
Y yo a mi vez, con ansia reprimida
por el mal fingido orgullo,
preguntaré por la que fué mi estrella,
y al referirme a tí, que eras mi vida,
a tí, que eras mi fuerza y mi dulzura,
diré: ¿cómo va aquella?

Nuestro gran corazón, ¡qué pequeño era!
nuestros muchos propósitos, ¡qué pocos!
y sin embargo, estábamos tan locos
al principio, en aquella primavera.
¿Te acuerdas? ¡La apoteósis! ¡El encanto!
¡Nos amábamos tanto!
¿Y esto era aquel amor? ¡Quién lo creyera!

De modo que nosotros, —aun
cuando de amor hablamos
¿somos como los otros?
He aquí el valor que damos
a la frase de amor que nos conmueve.
¡Qué desgracia, Dios mío que seamos
lo mismo que son todos! ¡Cómo llueve!
   Tú no puedes salir así lloviendo.
      ¡Vamos! quédate, mira, te lo ruego,
ya trataremos de entendernos luego.
      Haremos nuevos planes,
y aún cuando el corazón haya cambiado,
quizá revivirá el amor pasado
al encanto de viejos ademanes.
      Haremos lo posible;
se portará uno bien. Tú, serás buena.
      Y luego.... es increíble,
tiene uno sus costumbres; la cadena
llega a veces a ser necesidad.
      Siéntate aquí, bien mío:
recordarás junto de mí tu hastío,
y yo cerca de ti mi soledad.

TRIOLET

Los bienes y las glorias de la vida
o nunca vienen o nos llegan tarde.
Lucen de cerca, pasan de corrida,
los bienes y las glorias de la vida.
¡Triste del hombre que en la edad florida
coger las flores del vivir aguarde!
Los bienes y las glorias de la vida
o nunca vienen o nos llegan tarde.

PLACERES DE LA SOLEDAD

Pláceme, huyendo el mundanal ruido,
tender al bosque mi ligero paso
y en la negra espesura errar perdido
al fallecer del sol en el ocaso;

Pláceme agreste monte y escondido,
luna que brilla en el etéreo raso,
volcán de eterna nieve revestido,
fuente sonora y arroyuelo escaso.

Que en tu recinto, soledad secreta,
duerme el dolor que al infeliz oprime
y es todo paz y venturanza quieta:

habla el silencio en tu solemne calma;
adormecido el universo gime
y ábrense a Dios el corazón y el alma.

VIVIR Y MORIR

Humo y nada el soplo de ser:
mueren hombre, pájaro y flor,
corre a mar de olvido el amor,
huye a breve tumba el placer.

¿Dónde están las luces de ayer?
Tiene ocaso todo esplendor,
hiel esconde todo licor,
todo expía el mal de nacer.

¿Quién rió sin nunca gemir,
siendo el goce un dulce penar?
¡Loco y vano ardor el sentir!

¡Vano y loco anhelo el pensar!
¿Qué es vivir? Soñar sin dormir.
¿Qué es morir? Dormir sin soñar.

TUERCELE EL CUELLO AL CISNE

Tuércele el cuello al cisne de engañoso plumaje
que da su nota blanca al azul de la fuente;
él pasea su gracia no más, pero no siente
el alma de las cosas ni la voz del paisaje.

Huye de toda forma y de todo lenguaje
que no vayan acordes con el ritmo latente
de la vida profunda.... y adora intensamente
la vida, y que la vida comprenda tu homenaje.

Mira el sapiente buho cómo tiende las alas
desde el Olimpo, deja el regazo de Palas
y posa en aquel árbol el vuelo taciturno....

El no tiene la gracia del cisne, mas su inquieta
pupila, que se clava en la sombra, interpreta
el misterioso libro del silencio nocturno.

"NO ME MUEVE, MI DIOS"

No me mueve, mi Dios, para quererte
el cielo que me tienes prometido,
ni me mueve el infierno tan temido
para dejar por eso de ofenderte.

Tu me mueves, Señor, muéveme el verte
clavado en una cruz y escarnecido;
muéveme el ver tu cuerpo tan herido;
muéveme tus afrentas y tu muerte.

Muéveme, en fin, tu amor de tal manera
que aunque no hubiera cielo yo te amara,
y aunque no hubiera infierno te temiera.

No tienes que me dar por que te quiera,
porque aunque cuanto espero no esperara
lo mismo que te quiero te quisiera.

PARA ENTONCES

Quiero morir cuando decline el día,
en alta mar y con la cara al cielo;
donde parezca sueño la agonía,
y el alma un ave que remonta el vuelo.

No escuchar en los últimos instantes,
ya con el cielo y con el mar a solas,
más voces ni plegarias sollozantes
que el majestuoso tumbo de las olas.

Morir cuando la luz triste retira
sus áureas redes de la onda verde,
y ser como ese sol que lento expira:
algo muy luminoso que se pierde.

Morir, y joven: antes que destruya
el tiempo aleve la gentil corona;
cuando la vida dice aún: soy tuya,
aunque sepamos bien que nos traiciona.

MIS ENLUTADAS

Descienden taciturnas las tristezas
al fondo de mi alma,
y entumecidas, haraposas brujas,
con uñas negras
mi vida escarban.

De sangre es el color de sus pupilas,
de nieve son sus lágrimas;
hondo pavor infunden....; yo las amo
por ser las solas
que me acompañan.

Aguárdolas ansioso, si el trabajo
de ellas me separa,
y búscolas en medio del bullicio,
y son constantes
y nunca tardan.

En las fiestas, a ratos, se me pierden
o se ponen la máscara.
Pero luego las hallo, y así dicen:
—¡Ven con nosotras!
¡Vamos a casa!

Suelen dejarme cuando sonriendo
mis pobres esperanzas
como enfermitas, ya convalecientes,
salen, alegres
a la ventana.

Corridas huyen, pero vuelven luego,
y por la puerta falsa
entran trayendo como un nuevo huésped
alguna triste,
lívida hermana.

Abrese a recibirlas la infinita
tiniebla de mi alma,
y van prendiendo en ella mis recuerdos,
cual tristes cirios
de cera pálida.

Entre esas luces, rígido, tendido,
mi espíritu descansa;
y las tristezas, revolando en torno,
lentas salmodian
rezan y cantan.

Escudriñando el húmedo aposento
rincones y covachas,
el escondrijo do guardé, cuitado,
todas mis culpas,
todas mis faltas.

Y hurgando mudas, como hambrientas lobas,
las encuentran, las sacan,
y volviendo a mi lecho mortuorio
me las enseñan
y dicen: —Habla.

En lo profundo de mi ser bucean,
pescadoras de lágrimas,
y vuelven mudas con las negras conchas
en donde brillan
gotas heladas.

A veces me revuelvo contra ellas
y las muerdo con rabia,
como la niña desvalida y mártir
muerde a la arpía
que la maltrata.

Pero en seguida, viéndose impotente,
mi cólera se aplaca;
¡qué culpa tienen, pobres hijas mías,
si yo las hice
con sangre y alma!

Venid, tristezas de pupila turbia,
venid, mis enlutadas,
las que viajáis por la infinita sombra
donde está todo
lo que se ama.

Vosotras no engañáis; venid, tristezas,
¡oh, mis criaturas blancas,
abandonadas por la madre impía,
tan embustera,
por la esperanza!

Venid, y habladme de las cosas idas,
de las tumbas que callan,
de muertos buenos y de ingratos vivos....
Voy con vosotras.
Vamos a casa.

RESUCITARAN

Los pájaros que en sus nidos
Mueren ¿a dónde van?
¿Y en qué lugares escondidos
Están, muertos o dormidos,
Los besos que no se dan?

Nacen, y al punto traviesos
Hallar la salida quieren;
¡Pero como nacen presos,
Se enferman pronto mis besos,
Y apenas nacen, se mueren!

En vano con rudo giro
Este a mis labios llegó,
Si lejos los tuyos miro....

¿Sabes lo que es un suspiro?
¡Un beso que no se dió!

¡Qué labios tan carceleros!
¡Con cadenas y cerrojos
Los aprisionan severos,
Y apenas los prisioneros
Se me asoman a los ojos!

Pronto rompen la cadena
De tan injusta prisión,
Y no mueran más de pena
Que ya está de besos llena
La tumba del corazón!

¿Qué son las bocas? Son nidos.
¿Y los besos? ¡Aves locas!
Por eso, apenas nacidos,
De sus nidos aburridos
Salen buscando otras bocas.

¿Por qué en cárcel sepulcral
Se trueca el nido del ave?
¿Por qué los tratas tan mal,
Si tus labios de coral.
Son los que tienen la llave?

—Besos que, apenas despiertos,
Volar del nido querés
A sus labios entreabiertos
En vuestra tumba, mis muertos,
Dice: ¡Resucitaréis!

MADRE NATURALEZA

Madre, madre, cansado y soñoliento
Quiero pronto volver a tu regazo,
Besar tu seno, respirar tu aliento
Y sentir la indolencia de tu abrazo.

Tú no cambias, ni mudas, ni envejeces;
En ti se encuentra la virtud perdida,
Y tentadora y joven apareces
En las grandes tristezas de la vida.

Con ansia inmensa que mi ser consume
Quiero apoyar las sienes en tu pecho.
Tal como el niño que la nieve entume
Busca el calor de su mullido lecho.

¡Aire! ¡más luz, una planicie verde
Y un horizonte azul que la limite,
Sombra para llorar cuando recuerde,
Cielo para creer cuando medite!

Abre, por fin, hospedadora muda,
Tus vastas y tranquilas soledades,
Y deja que mi espíritu sacuda
El tedio abrumador de las ciudades.

No más continuo batallar; ya brota
Sangre humeante de mi abierta herida,
Y quedo inerme, con la espada rota,
En la terrible lucha por la vida.

Acude, madre, y antes que perezca
Y bajo el peso del dolor sucumba;
O abre tus senos, y que el musgo crezca
Sobre la humilde tierra de mi tumba!

NON OMNIS MORIAN

¡No moriré del todo, amiga mía!
De mi ondulante espíritu disperso,
algo en la urna diáfana del verso,
piadosa guardará la poesía.

¡No moriré del todo! Cuando herido
caiga a los golpes del dolor humano,
ligera tú, del campo entenebrido
levantarás al moribundo hermano.

Tal vez entonces por la boca inerme
que muda aspira la infinita calma,
oigas la voz de todo lo que duerme
¡con los ojos abiertos de mi alma!

Hondos recuerdos de fugaces días,
ternezas tristes que suspiran solas;
pálidas, enfermizas alegrías
sollozando al compás de las violas....

Todo lo que medroso oculta el hombre
se escapará, vibrante, del poeta,
en áureo ritmo de oración secreta
que invoque en cada cláusula tu nombre

Y acaso adviertas que de modo extraño
suenan mis versos en tu oído atento,
y en el cristal, que con mi soplo empaño,
mires aparecer mi pensamiento.

Al ver entonces lo que yo soñaba,
dirás de mi errabunda poesía:

era triste, vulgar lo que cantaba....
¡más, qué canción tan bella la que oía!

Y porque alzo en tu recuerdo notas
del coro universal, vívido y almo;
y porque brillan lágrimas ignotas
en el amargo cáliz de mi salmo;

porque existe la Santa Poesía
y en ella irradias tú, mientras disperso
átomo de mi ser esconda el verso,
¡no moriré del todo, amiga mía!

PARA UN MENU

Las novias pasadas son copas vacías,
en ellas pusimos un poco de amor;
el néctar tomamos.... huyeron los días....
¡Traed otras copas con nuevo licor!

Champagne son las rubias de cutis de azalia,
Borgoña los labios de vivo carmín;
los ojos obscuros son vino de Italia,
los verdes y claros son vino del Rhin!

Las bocas de grana son húmedas fresas:
las negras pupilas escancian café,
son ojos azules las llamas traviesas
que trémulas corren como almas del té!

¡La copa se apura, la dicha se agota;
de un sorbo tomamos mujer y licor....
Dejamos las copas.... Si queda una gota,
que beba el lacayo las heces de amor!

CASTILLA

El ciego sol se estrella
en las duras aristas de las armas,
llaga de luz los petos y espalderas
y flamea en la punta de las lanzas.

El ciego sol, y la fatiga
Por la terrible estepa castellana,
al destierro, con doce de los suyos
—polvo, sudor y hierro—, el Cid cabalga.

Cerrado está el mesón a piedra y lodo....
Nadie responde. Al pomo de la espada
y al cuento de las picas el postigo
va a ceder.... ¡Quema el sol, el aire abrasa!

A los terribles golpes,
de eco ronco, una voz, pura, de plata
y de cristal, responde.... Hay una niña
muy débil y muy blanca
en el umbral. Es toda
ojos azules, y en los ojos lágrimas.

Qué pálido nimba
su carita curiosa y asustada.
"Buen Cid pasad.... El rey nos dará muerte,
arruinará la casa,
y sembrará de sal el pobre campo
que mi padre trabaja....

Idos. El cielo os colme de venturas....
¡En nuestro mal, oh Cid, no ganáis nada!"

   Calla la niña y llora sin gemido....
Un sollozo infantil cruza la escuadra
de feroces guerreros.
Y una voz inflexible grita: "¡En marcha!"

   El ciego sol, la sed y la fatiga
Por la terrible estepa castellana,
al destierro, con doce de los suyos
—polvo, sudor y hierro—, el Cid cabalga.

PARA ARAGON EN ESPAÑA

Para Aragón, en España,
tengo y en mi corazón
un lugar todo Aragón,
franco, fiero, fiel, sin saña.
Si quiere un tonto saber
por qué lo tengo, le digo
que allí tuve un buen amigo,
que allí tuve una mujer.
Allá, en la vega florida,
la de la heroica defensa,
por mantener lo que piensa
juega la gente la vida.
Y si un alcalde lo aprieta
o lo enoja un rey cazurro,
calza la manta el baturro
y muere con su escopeta.
Quiero a la tierra amarilla
que baña el Ebro lodoso;
quiero el Pilar azuloso
de Lanuza y de Padilla.
Estimo a quien de un revés
echa por tierra a un tirano;
lo estimo, si es un cubano,
lo estimo, si aragonés.
Amo los patios sombríos
con escaleras bordadas;
amo las naves calladas
y los conventos vacíos.
Amo la tierra florida,
musulmana o española,
donde rompió su corola
la poca flor de mi vida.

YO VOY SOÑANDO CAMINOS....

Yo voy soñando caminos
de la tarde. ¡Las colinas
doradas, los verdes pinos,
las polvorientas encinas!....
¿A dónde el camino irá?
Yo voy cantando, viajero
a lo largo del sendero....
—la tarde cayendo está—.
"En el corazón tenía
"la espina de una pasión;
"logré arrancármela un día;
"ya no siento el corazón".

Y todo el campo un momento
se queda mudo y sombrío,
meditando. Suena el viento
en los álamos del río.

La tarde se oscurece;
y el camino que serpea
y débilmente blanquea,
se enturbia, y desaparece.

Mi cantar vuelve plañir:
"Aguda espina dorada
"quien te pudiera sentir
"en el corazón clavada"

A UN NARANJO Y A UN LIMONERO

Vistos en una tienda de plantas y flores

Naranjo en maceta, ¡qué triste es tu suerte!
medrosas tiritan tus hojas menguadas.
Naranjo en la corte, qué pena da verte
con tus naranjitas secas y arrugadas.

Pobre limonero de fruto amarillo
cual pomo pulido de pálida cera,
¡qué pena mirarte, mísero arbolillo
criado en mezquino tonel de madera!

De los claros bosques de la Andalucía,
¿quién os trajo a esta castellana tierra
que barren los vientos de la adusta sierra,
hijos de los campos de la tierra mía?

¡Gloria de los huertos, árbol limonero,
que enciendes los frutos de pálido oro
y alumbras del negro cipresal austero
las quietas plegarias erguidas en coro;

y fresco naranjo del patio querido,
del campo risueño y el huerto soñado,
siempre en mi recuerdo maduro o florido
de frondas y aromas y frutos cargado!

RETRATO

Mi infancia son recuerdos de un patio de Sevilla
y un huerto claro donde madura el limonero;
mi juventud, veinte años en tierra de Castilla;
mi historia, algunos casos que recordar no quiero.

Ni un seductor Mañara ni un Bradomín he sido
—ya conocéis mi torpe aliño indumentario—;
mas recibí la flecha que me asignó Cupido
y amé cuanto ellas pueden tener de hospitalario.

Hay en mis venas gotas de sangre jacobina,
pero mi verso brota de manantial sereno
y, más que un hombre al uso que sabe su doctrina,
soy, en el buen sentido de la palabra, bueno.

Adoro la hermosura, y en la moderna estética
corté las viejas rosas del huerto de Ronsard;
mas no amo los afeites de la actual cosmética
ni soy un ave de esas del nuevo gay-trinar.

Desdeño las romanzas de los tenores huecos
y el coro de los grillos que cantan a la luna.
A distinguir me paro las voces de los ecos,
y escucho solamente, entre las voces, una.

¿Soy clásico o romántico? No sé. Dejar quisiera
mi verso como deja el capitán su espada:
famosa por la mano viril que la blandiera,
no por el docto oficio del forjador preciada.

Converso con el hombre que siempre va conmigo
—quien habla solo, espera hablar a Dios un día—;
mi soliloquio es plática con este buen amigo
que me enseñó el secreto de la filantropía.

Y al cabo, nada os debo; debéisme cuanto he
(escrito
A mi trabajo acudo, con mi dinero pago
el traje que me cubre y la mansión que habito,
el pan que me alimenta y el lecho donde yago.

Y cuando llegue el día del último viaje
y esté al partir la nave que nunca ha de tornar,
me encontraréis a bordo ligero de equipaje,
casi desnudo, como los hijos de la mar.

SALMO DE AMOR

¡Dios te bendiga, amor, porque eres bella!
¡Dios te bendiga, amor, porque eres mía!
¡Dios te bendiga, amor, cuando te miro!
¡Dios te bendiga, amor, cuando me miras!

Dios te bendiga si me guardas fe:
Si no me guardas fe, ¡Dios te bendiga!
¡Hoy que me haces vivir, bendita seas;
cuando me hagas morir, seas bendita!

¡Bendiga Dios tus pasos hacia el bien;
tus pasos hacia el mal, Dios los bendiga!
¡Bendiciones a ti cuando me acoges;
bendiciones a ti cuando me esquivas!

Bendígate la luz de la mañana
que al despertarte hiere tus pupilas:
bendígate la sombra de la noche,
que en su regazo te hallará dormida!

¡Abra los ojos para bendecirte
antes de sucumbir, el que agoniza!
¡Si al herir te bendice el asesino,
que por su bendición Dios le bendiga!

¡Bendígate el humilde a quien socorras!
¡Bendígante al nombrarte tus amigas!
¡Bendígante los siervos de tu casa!
¡Los complacidos deudos te bendigan!

¡Te dé la tierra bendición en flores.
Y el tiempo en copia de apacibles días.
Y el mar se aquiete para bendecirte,
y el dolor se eche atrás y te bendiga!

¡Vuelva a tocar con el nevado lirio
Gabriel tu frente y la declare ungida!
¡Dé el cielo a tu piedad dón de milagro
y sanen los enfermos a tu vista!

¡Oh, querida mujer!.... Hoy que me adoras,
todo de bendiciones es el día!
Yo te bendigo y quiero que conmigo
Dios y el cielo y la tierra te bendigan.

INTERROGACIONES

¿Cómo quedan, Señor, durmiendo los suicidas?
¿Un cuajo entre la boca, las dos sienes vaciadas,
las lunas de los ojos albas y engrandecidas
hacia un ancla invisible las manos orientadas?

¿O tú llegas, después que los hombres se han ido,
y les bajas el párpado sobre el ojo cegado,
acomodas las vísceras sin dolor y sin ruido
y entrecruzas las manos sobre el pecho callado?

El rosal que los vivos riegan sobre la huesa
no le pinta a sus rosas unas formas de heridas?
¿no tiene acre el olor, siniestra la belleza
y las frondas menguadas, de serpientes tejidas?

Y responde, Señor: cuando se fuga el alma,
por la mojada puerta de las hondas heridas,
¿entra en la zona tuya hendiendo el aire en calma
o se oye un crepitar de alas enloquecidas?

¿Angosto cerco lívido se aprieta en torno suyo?
¿El éter es un campo de monstruos florecidos?
¿En el pavor no aciertan ni con el nombre tuyo?
¿O lo gritan, y sigue tu corazón dormido?

¿No hay un rayo de sol que los alcance un día?
¿No hay agua que los lave de sus estigmas rojos?
¡Para ellos solamente queda tu entraña fría,
sordo tu fino oído, apretados tus ojos?

Tal el hombre asegura por error o malicia;
mas yo, que te he gustado, como vino, Señor,
mientras los otros sigan llamándote Justicia
no te llamaré nunca otra cosa que Amor!

Yo sé como el hombre fué siempre zarpa dura;
la catarata, vértigo; aspereza la sierra,
tú eres el vaso donde, se esponjan de dulzura
los nectarios de todos los huertos de la Tierra!

VERGUENZA

Si tú me miras, yo me vuelvo hermosa
como la hierba a que bajó al rocío,
y desconocerán mi faz gloriosa
las altas cañas cuando baje al río.

Tengo vergüenza de mi boca triste,
de mi voz rota y mis rodillas rudas;
ahora que me miraste y que viniste,
me encontré pobre y me palpé desnuda.

Ninguna piedra en el camino hallaste
más desnuda de luz en la alborada
que esta mujer a la que levantaste,
porque oíste su canto, la mirada.

Yo callaré para que no conozcan
mi dicha los que pasan por el llano,
en el fulgor que da a mi frente tosca
y en la tremolación que hay en mi mano....

Es noche y baja a la hierba el rocío;
mírame largo y habla con ternura,
¡que ya mañana al descender al río
la que besaste llevará hermosura!

LOS SONETOS DE LA MUERTE

Del nicho helado en que los hombres te pusieron
te bajaré a la tierra humilde y soleada.
Que he de dormirme en ella los hombres no supieron,
y que hemos de soñar sobre la misma almohada.

Te acostaré en la tierra soleada con una
dulcedumbre de madre para el hijo dormido,
y la tierra ha de hacerse suavidades de cuna,
al recibir tu cuerpo de niño dolorido.

Luego iré espolvoreando tierra y polvo de rosas,
y en la azulada y leve polvareda de luna,
los despojos livianos irán quedando presos.

Me alejaré cantando mis venganzas hermosas,
¡porque a ese hondor recóndito la mano de ninguna
bajará a disputarme tu puñado de huesos!

SETENTA BALCONES Y NINGUNA FLOR

Setenta balcones hay en esta casa,
setenta balcones y ninguna flor....
A sus habitantes, Señor, ¿qué les pasa?
¿Odian el perfume, odian el olor?

La piedra desnuda de tristeza agobia,
¡dan una tristeza los negros balcones!
¿No hay en esta casa una niña novia?
¿No hay algún poeta bobo de ilusiones?

¿Ninguno desea ver tras los cristales
una diminuta copia del jardín?
¿En la piedra blanca trepar los rosales,
en los hierros negros abrirse un jazmín?

Si no aman las plantas, no amarán el ave,
no sabrán de música, de rimas, de amor....
Nunca se oirá un beso, jamás se oirá un clave.
¡Setenta balcones y ninguna flor!

MANELIC

Como una cabra arisca bajó de su montaña,
de su montaña que era salvajemente huraña,
como su espíritu hecho a las bravas alturas,
como su cuerpo en donde dejaron huellas duras
el sol de fuego, el soplo de las tormentas locas
y mordidas de lobos y arañazos de rocas

Bajó de los picachos, a la llanura un día;
allá dejó el rebaño, la choza, la jauría,
los agrios vericuetos, las claras soledades
dominio de las águilas y de las tempestades.

Arriba dejó todo cuanto su vida era,
y con un dulce sueño dentro del alma fiera,
vino a la tierra baja, la tierra misteriosa
que miraba de lo alto como una vaga cosa
que no le era dado conocer hasta cuando
bajase por la amada que le estaba esperando.

¡La amada, la hembra llena de suavidad, aquella
que él miraba en las noches temblar en cada estrella
a la que luego en sueños como una luz veía,
y que en el sol brillaba al despertar el día;
aquella en que pensaba sin tregua, año tras año,
viendo cómo en los riscos se ayuntaba el rebaño,

y cómo en el silencio del monte adormecido,
las águilas buscaban el calor de su nido!

Y así vibrante bajo las pieles de su sayo,
su ser, quizás engendro de una cumbre y un rayo
ingénuo y primitivo, enamorado y fuerte,
el pastor bajó un día de cara hacia la suerte.

¡Y allí, en la tierra baja, en la tierra del amo,
Manelic halló cruda decepción al reclamo
de un amor que él quería nuevo, fértil y suyo,
¡suyo no más! alegre como temprano arrullo
de tórtola, como eco de canción, un cariño
como un regazo donde durmiese como un niño!

¡Y supo que allá lejos de los hoscos rediles
que dejó en la montaña, los hombres eran viles,
más viles y traidores que las malas serpientes;
que abajo se arrastraban lo mismo que las gentes!

¡Y supo que su amo, el amo que le daba
la mujer que allá arriba como un cielo soñaba
era más vil que todos, y que también mentía,
y que era como un lobo, que robaba y huía!

Supo algo más horrible; la mujer de su sueño
era del amo, el amo era el único dueño
de todo; de la tierra, del amor, de la vida;
él era sólo un siervo, la bestia escarnecida,
una cosa...., un pedazo de carne esclavizada,
sin derechos, sin honra, sin amor y sin nada.

Y entonces, entre el asco de toda la mentira,
de toda la cruel befa del mundo, sintió ira,
ira trágica y noble de león provocado
que se ha dormido libre y despierta enjaulado.
Y oyó que de él reían como de simple y bobo
de él que igual que un hombre estrangulaba un lobo
Y ya no pudo más; un día se alzó contra el tirano
y le arrancó la vida. ¡Con su plebeya mano
se hizo justicia el siervo....! Todos enmudecieron
ante el soberbio triunfo, y estupefactos vieron
cómo el pastor hirsuto, la brava bestia huraña,
con su mujer en brazos se volvió a su montaña.

¡Oh, Manelic! ¡Oh plebe que vives sin conciencia
de tu vida oprobiosa, que arrastra la existencia
dócil al yugo innoble, que adormece tu alma
de hierro, en el marasmo de ignominiosa calma!
¡Oh, Manelic, oh carne pura del pueblo, carne
                                          (abierta
bajo el golpe del látigo infamador; despierta!

Cuando entre la impudicia de los hombres te sientas
cuando en tu pecho el odio desate sus tormentas,
cuando te nieguen y te insulte el orgullo,
levántate, y exige que te dén lo que es tuyo!
Levántate. ¡Tú eres la Fuerza y el Derecho!
Si te estrujan la vida, si te infaman el lecho,
si te pagan la honra con mezquino mendrugo,
no envilezcas de miedo soportando al verdugo!

¡No lamas como un perro la mano que te ata!
Haz pedazos los gritos, y si te asedian, ¡¡mata!!
No temas nada y hiere, porque Dios es tu amigo

y por tu brazo a veces desciende su castigo.
¡Que la soberbia aleve halle tu brazo alerta,
que a veces es justicia que la sangre se vierta!

¡Oh, Manelic! ¡Oh plebe que vives en la altura!
Ven a la tierra baja, desciende a la llanura,
y cuando aquí te arranquen en miserable robo
tu ilusión, que tus manos estrangulen al lobo!
¡Que lo fulmine el rayo que vibra en tus entrañas,
y después, con lo tuyo, regresa a tus montañas!

LA CANCION DEL BOHEMIO

Soy cruzado del ensueño, soy un pálido bohemio.
Siento el arte por el arte, sin buscar jamás el premio,
y odio, loco de idealismo, la razón útil y seria.
¡Caballero soy del hambre, de la risa y la miseria!
Y aunque se oigan los lamentos de su espíritu que
                                              (llora,
y aunque hiérame en el alma lo prosaico de la vida,
siempre triunfan los arpegios de mi risa redentora,
siempre brotan rojas flores de la sangre de mi herida.

Aborrezco la rutina de las formas anticuadas,
aborrezco lo postizo de las glorias usurpadas,
y al rugir los aristarcos, en el aire vibra inquieta
la sonora rebeldía de mis sueños de poeta.
Y así, un poco inconoclasta y otro poco estrafalario,
de tiranas academias mi buen gusto se emancipa,
y persigo por el cielo, con afán de visionario,
las volutas caprichosas que hace el humo de mi pipa.

Busco sólo de las cosas las ocultas relaciones
y amo más que las ideas las extrañas sensaciones,
que el pensar es para el sabio y el sentir para el
                                              (artista
en la ilógica doctrina de mi credo modernista.
Por rebelde, sin abrigo, en las noches invernales,
vago en busca de una forma que vislumbro en lon-
                                              (tananza.

La esperanza que me nutre la acaricio y la bendigo
porque mi alma soñadora se calienta de esperanza.

Amo el gótico milagro de las viejas catedrales,
la mayúscula historiada que se exhibe en los misales;
la solemne melodía de los cantos gregorianos,
y el devoto panteísmo de los místicos cristianos.
Y aunque sabios infautados, con afán cientificista,
hagan burla del misterio y me ordenan que no crea,
Jesucristo fué un bohemio, fué un poeta y un artista,
y es muy dulce la doctrina del Rabí de Galilea.

Mi yantar tengo inseguro y las nubes son mi techo;
pero guardo un gran tesoro de ilusiones en el pecho
y lucir puedo, orgulloso, la virtud y la entereza
de llorar con mis ideas y reír con mi pobreza.
Ilusiones y esperanzas son mi pan de cada día
y, doliente y esforzado, sueño mucho, poco vivo;
pero en gracia a los favores de mi ardiente fantasía
si no vivo lo que sueño, sueño todo lo que escribo.

Abogado del absurdo, la embriaguez y el desatino,
voy tocado con mi fieltro, que es mi yelmo de Mam-
                                                    (brino,
caballero sobre el ritmo de mi verso resonante,
como el loco Don Quijote, galopaba en Rocintante.
Sin que logre doblegarme la esquivez de mi fortuna,
que la fuerza de mi ensueño es más fuerte que mi
                                                    (suerte
voy cantando mis endechas amorosas a la luna,
caminito de la vida, caminito de la muerte.

Vivo solo, pobre, altivo.
Si no vivo lo que sueño, sueño todo lo que escribo.
Siempre en busca de la Amada,

la Querida,
la Soñada,
de la eterna perseguida,
de la jamás alcanzada.
Y así, en riña con la muerte,
voy errando,
voy vagando,
caminito de la vida
caminito de la muerte.
Sin dinero, sin fortuna,
voy cantando mis endechas amorosas a la luna.
Mi bohemia se alimenta
de las cosas que le cuenta
mi exaltada fantasía,
y orgulloso de mi sueño, de mi amor y mi poesía,
soy un rey lleno de andrajos, soy hampón con hi-
                                          (dalguía,
y tranquilo y resignado, todo espero y nada quiero,
porque el hambre y la miseria me han armado ca-
                                          (ballero.

EL SALMO DE LAS CUMBRES

Silencio y paz; el monte de agrias puntas
que en afilar la cúspide se afana,
es un titán con las dos manos juntas
en la actitud de una oración cristiana.

En la noche, ¡oh, visión la de las cumbres!,
la noche bajo el ala abriga estrellas,
sombras de sombras, fugas de vislumbres,
golpes de trueno y tajos de centella.

Ahí.... sobre esa cumbre que reposa,
se ven los astros palpitar con vida,
simulando, en las sombras, la caída
de una como nevada luminosa,
pero perpetuamente suspendida.

CIUDAD DORMIDA

Cartagena de Indias: tú que, a solas,
entre el rigor de las murallas fieras,
crees que te acarician las banderas
de pretéritas huestes españolas;

tú, que ciñes radiantes aureolas,
desenvuelves, soñando en las riberas,
la perezosa voz de tus palmeras
y el escándalo eterno de tus olas....

¿Para qué despertar, bella durmiente?
Los piratas tus sueños mortifican,
mas tú, siempre serena, te destacas;

y los párpados cierras blandamente,
mientras que tus palmeras te abanican
y tus olas te mecen como hamacas....

LA GUERRA

Dos soldados arma en puño,
el uno del otro al lado,
con el pecho atravesado
cayeron sobre un terruño.
—¡Caray, qué lucha tan fiera!
—¿Fué tu brazo el que me hirió?
—Sí.
—¿Me aborrecías?
            —¿Yo?
Ni te conozco siquiera.
¿Y tú?.... ¿Me has herido?
—Sí.
¡A ellos! —el jefe decía—;
y sin mirar lo que hacía,
el hierro en tu pecho hundí!
—¡Caray, qué lucha tan fiera!
—¡Vaya un modo de matarnos!
—¡Nos herimos sin odiarnos!
—¡Sin conocernos siquiera!
—¡Cómo me duele esta herida!
—¡Tampoco mi mal se calma.
—¿Me perdonas?
            —¡Con el alma!
¿Y tú?
            —Yo, con alma y vida.
Acércate.
            —Será en vano:

estoy tan débil y tan....
—Dame tus brazos.
                    —Ahí van.
—Soy tu amigo.
                    —Soy tu hermano.
   Tras indecible agonía,
el uno del otro junto
expiraron en un punto,
murmurando:—¡Madre mía!
   De pronto retembló el suelo,
y un rey, cubierto de Gloria,
pasó gritando:—¡Victoria!
¡Y Dios!.... ¿Qué dijo en el cielo?

MALDICION

Alcohol canalla, maestro de horrores,
que vas con disfraces de bellos colores
y sabores raros y sabores fuertes,
sembrando locuras y sembrando muertes....
Forjador de infamias e intoxicaciones,
fuente de miserias, padre del delito,
sombra de cerebros y de corazones,
     ¡sé siempre maldito!
Porque en ti se encuentran todos los venenos
y haces criminales de los hombres buenos;
porque en puñetazos cambias los cariños;
y antes de que nazcan dañas a los niños;
por lo que denigras, por lo que encenagas;
por lo que destruyes, por lo que embruteces,
por lo que provocas y por lo que estragas....
     ¡maldito mil veces!
Porque unges los labios con mofas e injurias
y enciendes las carnes en sed de lujurias;
porque abres las puertas de los calabozos
y pudres la sangre de viejos y mozos;
porque te devoras los pobres jornales
y en cátedra y templo truecas el garito;
porque desarrollas instintos bestiales....
     ¡sé siempre maldito!

¡Tú engordas con mugre la infame baraja!
¡Tú hacia el fratricidio mueves la navaja!
¡Tú todo lo afeas y todo lo invades
con muecas, con babas, con obscenidades!
¡Rey de la basura! ¡Señor de lo inmundo!
¡Dios de tambaleos y de estupideces!
¡Arbol de desgracias! ¡Trastorno del mundo!....
      ¡maldito mil veces!

¡Surgid, huracanes! ¡Arrastrad mi grito!
Que todos los hombres repitan: ¡Maldito!

ORACION PARA QUE UN NIÑO NO MUERA

Dios mío, conservadles ese niño pequeño
tal como conserváis una hoja en el viento.
Ved llorar a la madre, Dios mío, ¿qué os importa
que no se muera el niño, no llevárosle ahora,
como si no pudiera nada evitarlo? Ved
que si lo dejáis vivo, rosas ha de ofrecer
en Corpus, para el año que viene, vuestro altar.
Vos no ponéis, Dios mío, que sois todo bondad,
la muerte azul en las mejillas sonrosadas,
a menos que os llevéis los niños a una casa
bella, en que con sus madres estén a la ventana....
¿Por qué no ha de ser ésta?.... Si el momento ha
                                               (llegado,
Dios mío, al ver morir a este niño, acordáos
de que vos vivís siempre, de vuestra madre al lado.

OFRENDA OSCURA

Yo os traigo mi mala labor
análoga a sueños de muertos;
la luna ilumina, Señor,
mis espirituales desiertos.

Del sueño las sierpes violadas
habitan mi corazón:
deseos ceñidos de espadas,
leones ahogados al sol.

Y hay lirios de muerte custodios
y hay manos que dicen adiós;
la flor purpural de los odios,
las flores sin savia de amor....

Señor, ten piedad de mi ofrenda,
piedad de mi noche feroz.
Que pase la luna tremenda
segándola como una hoz.

LAS PLEGARIAS

Las plegarias, al cielo suben como las flores,
cómo, nadie lo sabe; algunas son lujosas,
cargadas de perfume, como las tuberosas,
otras, míseras, pobres, de mezquinos olores,
como los pensamientos de un jardín indigente,
y el poeta las ve subir al indulgente
Padre, que sabe el peso de oro y de la plata.
El es quien de las flores el valor aquilata
cuando las ve subir. Y puede sólo El
juzgar sobre las luchas del mundo, de horror llenas,
si la humildad azul de un ramo de verbenas
vale igual, más o menos que un altivo clavel.
Porque con el cuidado de un marino que hubiera
corrido temporales en muchos oceános,
muy viejo, desde el cielo de nácar en que impera,
sobre la inmensidad extiende Dios las manos
a cuantos le consagran sus dolores humanos
lo mismo en un diamante que en una primavera.

MI HUMILDE AMIGO, MI PERRO FIEL

Buen amigo, fiel perro, has muerto de la odiada
muerte, de la temida, de la que te escondiste
bajo la mesa tanto.... Tu amorosa mirada
se ha clavado en la mía en la hora breve y triste.

Oh vulgar compañero del hombre, ser divino
que el hambre de tu dueño gustoso compartías,
que acompañar supiste el pesado camino
del ángel Rafael y del joven Tobías.

Oh servidor: qué ejemplo me has dado tan seguro
tú, que supiste amarme como a su Dios un santo;
el profundo misterio de tu cerebro oscuro
vive en un paraíso de inocencia y de encanto.

Señor: si llega el día en que me llevéis, clemente,
a veros cara a cara por una eternidad,
haced que un pobre perro contemple frente a frente
a aquel que fué su Dios entre la Humanidad.

MUERO PORQUE NO MUERO....

Vivo sin vivir en mí
y tan alta vida espero,
que muero, porque no muero.
....
Aquesta divina unión
del amor con que yo vivo,
hace a Dios ser mi cautivo,
y libre mi corazón:
mas causa en mí tal pasión
ver a mi Dios prisionero
que muero porque no muero.

¡Ay qué larga es esta vida,
qué duros estos destierros,
esta cárcel y estos hierros
en que el alma está metida!
Sólo esperar la salida
me causa un dolor tan fiero,
que muero porque no muero.
....

Sólo con la confianza
vivo de que he de morir,
porque muriendo el vivir,
me asegura mi esperanza;
muerte do el vivir se alcanza.

no te tardes, que te espero,
que muero porque no muero.

Mira que el amor es fuerte;
vida no me seas molesta,
para ganarte, perderte:
venga ya la dulce muerte,
venga el morir muy ligero,
que muero porque no muero.

Aquella vida de arriba
es la vida verdadera:
hasta que esta vida muera,
no se goza estando viva:
muerte no me seas esquiva;
vivo muriendo primero,
que muero porque no muero!
....

El pez que del agua sale
aun de alivio no carece:
a quien la muerte padece
al fin la muerte le vale:
¿qué muerte habrá que se iguale
a mi vivir lastimero,
si muero porque no muero?
....

Cuando me gozo, Señor,
con esperanza de verte,
viendo que puedo perderte
se me dobla mi dolor:
viviendo en tanto pavor,
y esperando como espero,

que muero porque no muero.
....

Lloraré mi muerte ya,
y lamentaré mi vida,
en tanto que detenida
por mis pecados eseá.
¡Oh, mi Dios, cuándo será,
cuando yo diga de vero
que muero porque no muero.

OCEANIDA

El mar, lleno de urgencias masculinas,
bramaba alrededor de tu cintura,
y como un brazo colosal, la oscura
ribera te amparaba. En tus retinas,

y en tus cabellos, y en tu astral blancura,
rieló con decadencias opalinas,
esa luz de las tardes mortecinas
que en el agua pacífica perdura.

Palpitando a los ritmos de tu seno,
hinchóse en una ola el mar sereno;
para hundirte en sus vértigos felinos

su voz te dijo una caricia vaga,
y al penetrar entre tus muslos finos,
la onda se aguzó como una daga.

BALADA DE LA MAÑANA DE
LA CRUZ

Dios está azul. La flauta y el tambor
anuncian ya la cruz de primavera.
¡Vivan las rosas, las rosas del amor,
entre el verdor con sol de la pradera!

Vámonos al campo por romero,
vámonos, vámonos
por romero y por amor..

Le pregunté: "¿Me dejas que te quiera?"
Me respondió bromeando su pasión:
"Cuando florezca la luz de primavera
voy a quererte con todo el corazón".

Vámonos al campo por romero,
vámonos, vámonos
por romero y por amor..

"Ya floreció la luz de primavera.
¡Amor, la luz, amor, ya floreció!"
Me respondió: "¿Tú quieres que te quiera?"
¡Y la mañana de luz me traspasó!

Vámonos al campo por romero,
vámonos, vámonos
por romero y por amor. .

Alegran flauta y tambor nuestra bandera,
la primavera está aquí con la ilusión....
¡Mi novia es la rosa verdadera
y va a quererme con todo el corazón!

LA CASTIGADA

(....Rit de la faicheur de l'eau).

VICTOR HUGO.

Con lilas llenas de agua,
le golpeé las espaldas,
Y toda su carne grana
se enjoyó en gotas claras.
¡Ay, fuga mojada y cándida,
sobre la arena perlada!
—La carne moría, pálida,
entre los rosales granas;
como manzana de plata,
amanecida de escarcha—.
Corría huyendo del agua,
entre los rosales granas.
Y se reía, fantástica.
La risa se le mojaba....
Con lilas llenas de agua,
corriendo, la golpeaba...

CONVALECENCIA

Sólo tú me acompañas, sol amigo.
Como un perro de luz, lames mi lecho blanco;
y yo pierdo mi mano por tu pelo de oro,
caída de cansancio.
¡Qué de cosas que fueron
se van.... más lejos todavía!
                            Callo
y sonrío, igual que un niño,
dejándome lamer de ti, sol manso.
........De pronto, sol, te yergues,
fiel guardián de mi fracaso,
y, en una algarabía ardiente y loca,
ladras a los fantasmas vanos
que, mudas sombras. me amenazan
desde el desierto del ocaso.

RAMA DE ORO

Doliente rama de hojas otoñales
que el sol divino enjoya y transparenta,
cuando hurta el sol la nube, polvorienta
rama es. de miserias materiales.
Todas las maravillas inmortales
que la hoja de oro ensalza y representa
se las lleva la hora turbulenta
al centro de los senos celestiales.
Corazón: seco, vano y pobre nido,
en que los sempiternos resplandores
hallan, un punto, refulgente calma;
Cuando el amor te deja en el olvido,
se truecan en cenizas tus fulgores.
y es vil escoria lo que creíste alma.

POEMA 15

Me gustas cuando callas, porque estás como au-
(sente,
y me oyes desde lejos, y mi voz no te toca.
Parece que los ojos se te hubiesen volado,
y parece que un beso te cerrara la boca.

Como todas las cosas están llenas de mi alma,
emerges de las cosas, llena del alma mía.
Mariposa de ensueño, te pareces a mi alma,
y te pareces a la palabra melancolía.

Me gustas cuando callas y estás como distante,
y estás como quejándote, mariposa en arrullo.
Y me oyes desde lejos, y mi voz no te alcanza.
Déjame que me calle con el silencio tuyo.

Déjame que te hable también con tu silencio
claro como una lámpara, simple como un anillo.
Eres como la noche, callada y constelada.
Tu silencio es de estrella, tan lejano y sencillo.

Me gustas cuando callas, porque estás como au-
(sente.
Distante y dolorosa como si hubieras muerto.
Una palabra entonces, una sonrisa bastan.
Y estoy alegre, alegre de que no sea cierto.

FUSILES Y MUÑECAS

(Cuadro realista)

Juan y Margot, dos ángeles hermanos
que embellecen mi hogar con sus cariños,
se entretienen con juegos tan humanos
que parecen personas desde niños.

Mientras Juan, de tres años, es soldado
y monta en una caña endeble y hueca,
besa Margot con los labios de granado
los labios de cartón de su muñeca.

Lucen los dos sus inocentes galas,
y alegres sueñan en tan dulces lazos:
él, que cruza sereno entre las balas;
ella, que arrulla a un niño entre sus brazos.

Puesto al hombro el fusil de hoja de lata,
el kepí de papel sobre la frente,
alienta el niño en su inocencia grata
el orgullo viril de ser valiente.

Quizá piensa, en sus juegos infantiles,
que en este mundo que su afán recrea,
son como el suyo todos los fusiles
conque la torpe humanidad pelea.

Que pesan poco, que sin odios lucen,
que es igual el más débil al más fuerte,
y que, si se disparan, no producen
humo, fragor, consternación y muerte.

¡Oh misteriosa condición humana!
siempre lo opuesto buscas en la tierra;
ya delira Margot por ser anciana,
y Juan, que vive en paz, ama la guerra.

Mirándoles jugar me aflijo y callo;
¿Cuál será sobre el mundo su fortuna?
Sueña el niño con armas y caballo,
la niña con velar junto a la cuna.

El uno corre de entusiasmo ciego,
la niña arrulla a su muñeca inerme,
y mientras grita el uno: FUEGO, FUEGO,
la otra murmura triste: DUERME, DUERME.

A mi lado ante juegos tan extraños
Concha, la primogénita, me mira:
¡es toda una persona de seis años
que charla, que comenta y que suspira!

¿Por qué inclina su lánguida cabeza
mientras deshoja inquieta algunas flores?
¿Será la que ha heredado mi tristeza?
¿Será la que comprende mis dolores?

Cuando me rindo del dolor al peso,
cuando la negra duda me avasalla,
se me cuelga del cuello, me da un beso,
se le saltan las lágrimas, y calla.

Suelta| sus trenzas claras y sedosas,
y oprimiendo mi mano entre sus manos,
parece que medita en muchas cosas
al mirar cómo juegan sus hermanos.

Margot que canta en madre transformada,
y arrulla a un hijo que jamás se queja,
ni tiene que llorar desengañada,
ni el hijo crece, ni se vuelve vieja.

Y este guerrero audaz de tres abriles
que ya se finge apuesto caballero,
no logra en sus campañas infantiles
manchar con sangre y lágrimas su acero.

¡Inocencia! ¡Niñez! ¡Dichosos nombres!
Amo tus goces, busco tus cariños;
¡cómo han de ser los sueños de los hombres,
más dulces que los sueños de los niños!

¡Oh, mis hijos! No quiera la fortuna
turbar jamás vuestra inocente calma,
no dejéis esa espada ni esa cuna;
¡cuando son de verdad, matan el alma!

FLOR DE UN DIA

Yo di un eterno adiós a los placeres
cuando la pena doblegó mi frente,
y me soñé, mujer, indiferente
al estúpido amor de las mujeres.

En mi orgullo insensato yo creía
que estaba el mundo para mí desierto,
y que en lugar de corazón tenía
una insensible lápida de muerto.

Mas despertaste tú mis ilusiones
con embusteras frases de cariño,
y dejaron su tumba las pasiones,
y te entregué mi corazón de niño.

No extraño que quisieras provocarme,
ni extraño que lograras encenderme;
porque fuiste capaz de sospecharme,
pero no eres capaz de comprenderme.

¿Me encendiste en amor con tus encantos,
porque nací con alma de coplero,
y buscaste el incienso de mis cantos?....
¿Me crees, por ventura, pebetero?

No esperes ya que tu piedad implore,
volviendo con mi amor a importunarte;
aunque rendido el corazón te adore,
el orgullo me ordena abandonarte.

Yo seguiré con mi penar impío,
mientras que gozas envidiable calma;
tú me dejas la duda y el vacío,
y yo, en cambio, mujer, te dejo el alma.

Porque eterno será mi amor profundo,
que en tí pienso constante y desgraciado,
como piensa en la gloria el condenado,
como piensa en la vida el moribundo.

A UNA RAMERA

Vitium in corde est idolum in altare.
San Jerónimo.

Mujer preciosa para el bien nacida,
mujer preciosa por mi mal hallada,
perla del solio del Señor caída
y en albañal inmundo sepultada,
cándida rosa en el edén crecida
y por manos infames deshojada,
cisne de cuello alabastrino y blando
en indecente bacanal cantando.

Ramera infame a quien el alma adora,
¿Por qué ese Dios ha colocado, dime
el candor en tu faz engañadora?
¿Por qué el reflejo de su gloria imprime
en tu dulce mirar? ¿Por qué atesora
    Objeto vil de mi pasión sublime,
hechizos mil en tu redondo seno,
si hay en tu corazón lodo y veneno?
    Copa de bendición de llanto llena,

do el crimen su ponzoña ha derramado;
ángel que el cielo abandonó sin pena,
y en brazos del demonio se ha entregado;
mujer más pura que la luz serena,
más negra que la sombra del pecado,

oye y perdona si al cantarte lloro:
porque, ángel o demonio, yo te adoro.

Por la senda del mundo yo vagaba
indiferente en medio de los seres;
de la virtud y el vicio me burlaba,
me reí del amor, de las mujeres,
que amar a una mujer nunca pensaba;
y hastiado de pesares y placeres
siempre vivió con el amor en guerra
mi ya gastado corazón de tierra.

Pero te ví.... te ví.... ¡Maldita la hora
en que te ví, mujer! Dejaste herida
mi alma que te adora, como adora
el alma que de llanto está nutrida;
horrible sufrimiento me devora
que hiciste la desgracia de mi vida
mas dolor tan inmenso, tan profundo,
no lo cambio, mujer, por todo un mundo.

¿Eres demonio que arrojó el infierno
para abrirme una herida mal cerrada?
¿Eres un ángel que mandó el Eterno
a velar mi existencia infortunada?
¿Este amor tan ardiente, tan interno
me enaltece, mujer, o me degrada?
No lo sé.... no lo sé.... yo pierdo el juicio
¿Eres el vicio tú!.. ¡Adoro el vicio!

¡Amame tú también! Seré tu esclavo.
tu pobre perro por doquier te siga;
seré feliz si con mi sangre lavo
tu huella. aunque al seguirte me persiga
ridículo y deshonra; al cabo.... al cabo

nada me importa lo que el mundo diga!
Nada me importa tu manchada historia
si a través de tus ojos veo la gloria.

Yo mendigo, mujer, y tú ramera,
descalzos por el mundo marcharemos;
que el mundo nos desprecie cuanto quiera:
en nuestro amor un mundo encontraremos;
y si, horrible miseria nos espera,
ni de un rey por el trono la daremos
que cubiertos de andrajos asquerosos
dos corazones latirán dichosos.

Un calvario maldito hallé en la vida,
en el que mis creencias expiraron,
y al abrirme los hombres una herida,
de odio profundo el alma me llenaron;
por eso el alma de rencor henchida
odia lo que ellos aman, lo que amaron,
y a tí sola, mujer, a tí yo entrego,
todo ese amor que a los hombres niego.

Porque nací, mujer, para adorarte
y la vida sin tí me es fastidiosa,
que mi único placer es contemplarte,
aunque tú halles mi pasión odiosa,
yo, nunca, nunca dejaré de amarte,
Ojalá que tuviera alguna cosa
más que la vida y el honor, más cara
y por tí sin violencia la inmolara.

Sólo tengo una madre. ¡Me ama tanto!
sus pechos mi niñez alimentaron,
y mi sed apagó su tierno llanto,
y sus vigilias hombres me formaron;

a ese ángel para mí tan santo
última fe de creencias que pasaron,
a ese ángel de bondad. ¡Quién lo creyera!
olvido por tu amor.... ¡loca ramera!

Sé que tu amor no me dará placeres
sé que burlas mis grandes sacrificios;
eres tú la más vil de las mujeres;
conozco tu maldad, tus artificios;
pero, te amo, mujer, te amo como eres;
amo tu perversión, amo tus vicios,
y aunque maldigo el fuego en que me inflamo
mientras más vil te encuentro, más te amo.

Quiero besar tu planta a cada instante,
morir contigo de placer beodo;
porque es tuya mi mente delirante,
yo que soy en amores inconstante,
y tuyo es ¡ay! mi corazón de lodo.
Hoy me siento por tí capaz de todo;
por tí será mi corazón do imperas,
virtuoso, criminal, lo que tú quieras.

Yo me siento con fuerza muy sobrada,
y hasta un niño me vence sin empeño,
¿Soy águila que duerme encadenada
o vil gusano que titán me sueño?
Yo no sé si soy mucho, o si soy nada;
si soy átomo, grande, o Dios pequeño:
pero gusano o dios, débil o fuerte,
sólo sé que soy tuvo hasta la muerte.

No me importa lo que eres, lo que has sido
porque en vez de razón para juzgarte,
yo sólo tengo de ternura henchido

gigante corazón para adorarte.
Seré tu redención, seré tu olvido,
y de ese fango vil vendré a sacarte;
que si los vicios en tu ser se imprimen
mi pasión es más grande que tu crimen.

Es tu amor nada más lo que ambiciono:
de tu voz con el eco me emociono,
con tu imagen soñando me desvelo,
y por darte la dicha que yo anhelo
si fuera rey, te regalara un trono;
si fuera Dios, te regalara un cielo,
y si Dios de ese Dios tan grande fuera,
me arrojara a tus plantas, vil ramera.

CELOS

Al saber la verdad de tu perjurio,
loco de celos, penetré en tu cuarto....

Dormías inocente como un angel,
con los rubios cabellos destrenzados,
enlazadas las manos sobre el pecho
y entreabiertos los labios....

Me aproximé a tu lecho, y de repente
oprimí tu garganta entre mis manos.
Despertaste... Mirándome tus ojos...
¡Y quedé deslumbrado,
igual que un ciego que de pronto viese
brillar del sol los luminosos rayos!

¡Y en vez de estrangularte, con mis besos
volví a cerrar el oro de tus párpados!

DOMINGOS DE PROVINCIA

En los claros domingos de mi pueblo, es costumbre
que en la plaza descubran las gentiles cabezas
las mozas, y sus ojos reflejan dulcedumbre
y la banda en el kiosko toca lánguidas piezas.

Y al caer sobre el pueblo la noche ensoñadora,
los amantes se miran con la mejor mirada
y la orquesta en sus flautas y violín atesora,
mil sonidos románticos en la noche enfiestada.

Los días de guardar en pueblos provincianos
regalan al viadante gratos amaneceres
en que frescos los rostros, el Lavalle en las manos,

camino de la iglesia las mozas van aprisa;
que en los días festivos, entre aquellas mujeres
no hay una cara hermosa que se quede sin misa.

ES LA MUJER

Es la mujer del hombre lo más bueno,
y locura decir que lo más malo;
su vida suele ser y su regalo,
su muerte suele ser y su veneno.

Cielo a los ojos cándido y sereno,
por muchas veces al infierno igualo,
por el mundo su valor señalo,
por falso al hombre su rigor condeno.

Ella nos da su sangre, ella nos cría,
no ha hecho el cielo cosa más ingrata;
es un ángel y a veces una harpía.

Quiere, aborrece, trata bien, maltrata
y es la mujer, al fin, como sangría,
que a veces da salud y a veces mata.

BALADA

Llamaron quedo, muy quedo
a las puertas de la casa.

—¿Será algún sueño —le dije—
que viene a alegrar tu alma?

¡Quizás!, contestó riendo....
Su risa y su voz soñaban.

Volvieron a llamar quedo
a las puertas de la casa....

—¿Será el amor?.... —grité pálido,
llenos los ojos de lágrimas....

—Acaso —dijo mirándome...
Su voz de pasión temblaba...

Llamaron quedo, muy quedo
a las puertas de la casa....

—¿Será la Muerte? —yo dije.
Ella no me dijo nada...

Y se quedó inmóvil, rígida,
sobre la blanca almohada,
las manos como la cera
y las mejillas muy pálidas.

PLEGARIA A DIOS

Sér de inmensa bondad, Dios todopoderoso,
a vos acudo en mi dolor vehemente;
extended vuestro brazo omnipotente,
rasgad a la calumnia el velo odioso
y apartad este sello ignominioso
con que el mundo manchar quiere mi frente.

Rey de los reyes, Dios de mis abuelos,
vos sólo sois mi defensor, Dios mío:
todo lo puede quien al mar sombrío
olas y peces dió, luz a los cielos
fuego al sol, giro al aire, al norte hielos,
vida a las plantas, movimiento al río.
Todo lo podéis vos: todo fenece
o se reanima a vuestra voz sagrada:
fuera de voz, Señor, el todo es nada,
que en la insondable eternidad perece,
y aun esa misma nada os obedece,
pues de ella fué la humanidad creada.

Yo no os puedo engañar, Dios de clemencia
y pues vuestra eternal sabiduría
ve al través de mi cuerpo el alma mía
cual del aire a la clara transparencia,
estorbad que humillada la inocencia
bata sus palmas la calumnia impía.

Mas si cuadra a tu suma omnipotencia
que yo perezca cual malvado impío,
y que los hombres mi cadáver frío
ultrajen con maligna complacencia,
suene tu voz, y acabe mi existencia;
cúmplase en mí tu voluntad, Dios mío.

CLARO DE LUNA

Vuestra alma es un paisaje escogido que hacen
encantador enmascarados y bergamascos,
tocando en su laúdes, danzando y casi tristes,
bajo la burla de sus disfraces fantásticos.

y mientras van cantando en el modo menor,
el amor vencedor y la vida oportuna,
parece que no creen en su dicha, y deslíen
en el claro de luna su canción y su música,

en el claro de luna sereno, triste y bello,
que hace soñar a los pájaros en los árboles
y sollozar en éxtasis los grandes juegos de agua,
los juegos de agua esbeltos entre los blancos már-
                                                    (moles.

ORACION

¡Dios mío, vuestro amor me ha lacerado
y está vibrante aún la roja llaga,
Dios mío, vuestro amor me ha lacerado!

¡Dios mío, de temor estoy transido
y aún quema la candente quemadura,
Dios mío, de temor estoy transido!

¡Dios mío, veo la ruindad de todo,
y en mí se ha entronizado vuestra gloria,
Dios mío, veo la ruindad de todo!

Mi espíritu anegad con vuestro Vino,
juntad mi vida al pan de vuestra mesa,
mi espíritu anegad con vuestro Vino.

Tomad mi sangre, nunca derramada,
tomad mi carne, de sufrir indigna,
tomad mi sangre, nunca derramada.

Tomad mi frente de rubor exenta,
para escabel de vuestros pies divinos,
tomad mi frente de rubor exenta.

Tomad mis manos, las que holgaron siempre,
para el rojo tizón y el raro incienso,
tomad mis manos, las que holgaron siempre

Tomad mi corazón, vano en latidos:
púncele las espinas del Calvario;
tomad mi corazón, vano en latidos.

Tomad mis pies, los frívolos viajeros;
que corran al clamor de vuestra gracia,
tomad mis pies, los frívolos viajeros.

Tomad mi voz, rumor mendaz y tosco,
para la penitencia y sus repulsas;
tomad, mi voz, rumor mendaz y tosco.

Tomad mis ojos, del error lumbreras:
de la oración el llanto los apague;
tomad mis ojos, del error lumbreras.

¡Ay, Dios de las ofrendas y el perdón,
qué pozo vil de ingratitud el mío,
ay, Dios de las ofrendas y el perdón!

Dios de terror y Dios de santidad!
ay, qué negro el abismo de mi crimen,
Dios de terror y Dios de santidad!

Dios de paz, de alegría y de ventura,
todos, todos mis miedos e ignorancias,
Dios de paz, de alegría y de ventura,

bien lo sabéis, bien lo sabéis, Dios mío,
de los mortales el más pobre soy,
bien lo sabéis, bien lo sabéis, Dios mío,

mas todo lo que tengo aquí os lo doy.

                    (*Enrique Diez-Canedo*).

COLOQUIO SENTIMENTAL

Por el parque añoso, desierto y helado,
poco ha que dos vagas formas han pasado.

De melancolía sus miradas llenas,
sus tenues palabras se escuchan apenas.

En el parque añoso, desierto y helado,
dos almas evocan el tiempo pasado.

"¿Te acuerdas de aquellos éxtasis de un día?
—¿A qué recordarlos a la mente mía?

—¿Palpita tu pecho como palpitó
y aún sueñas conmigo si me nombras?—No.

—¡Oh instantes divinos de dicha indecible!
¡Qué sueños aquellos de amor! —Es posible.

—¡Qué azules espacios cruzó la esperanza!
—Hoy a un cielo oscuro la ilusión se lanza".

Por entre las hierbas se pierden sus huellas
y sólo la noche oye sus querellas.

¡MUERTA!

En vano entre las sombras mis brazos siempre
                                        (abiertos,
Asir quieren su imagen con ilusorio afán,
¡Qué noche tan callada, qué limbos tan inciertos!
¡Oh, Padre de los vivos, adónde van los muertos,
Adónde van los muertos, señor, adónde van!

Muy vasta, muy distante, muy honda, sí, muy
                                        (honda,
¡Pero muy honda! debe ser, ¡ay!, la negra onda
En que navega su alma como un tímido albor.
Para que aquella madre tan buena no responda
Ni se estremezca al grito de mi infinito amor.

Glacial, sin duda, es esa zona que hiende. Fría,
¡Oh, sí, muy fría!, pero muy fría! debe estar,
Para que no la mueva la voz de mi agonía,
Para que todo el fuego de la ternura mía
Su corazón piadoso no llegue a deshelar.

Acaso es una playa remota y desolada,
Enfrente de un océano sin límites, que está
Convulso a todas horas, mi ausente idolatrada
Los torvos horizontes escruta, con mirada
Febril, buscando un barco de luz que no vendrá.

¡Quién sabe por qué espacios brumosos y desier-
(tos!
Sus blancas alas trémulas el vuelo tenderán!
¡Quién sabe por qué espacios brumosos y desiertos!
¡Oh Padre de los vivos, adónde van los muertos,
Adónde van los muertos, Señor, adónde van!

Tal vez en un planeta bañado de penumbra
Sin fin, un sol opaco, ya casi extinto, alumbra,.
Cuitada peregrina, mirando en rededor
Ilógicos aspectos de seres y de cosas,
Absurdas perspectivas, creaciones misteriosas,
Que causan extrañeza sutil y vago horror.

Acaso está muy sola. Tal vez mientras yo pienso
En ella, está muy triste; quizá con miedo esté.
Tal vez se abre a sus ojos algún arcano inmenso.
¡Quién sabe lo que siente, quién sabe lo que ve!

Quizá me grita: "¡Hijo!" buscando en mi un
(escudo,
(¡Mi celo tantas veces en vila la amparó!)
Y advierte espanto que toda se halla mudo.
Que hay algo en las tinieblas, fatídico y sañudo,
Que nadie la protege ni le respondo yo.

¡Oh Dios!, me quiso mucho; ¡sus brazos,, siempre
(abiertos
Como un gran nido, tuvo para mi loco afán!
Guiad hacia la Vida sus pobres pies inciertos....
¡Piedad para mi muerta! ¡Piedad para los muertos!
¡Adónde van los muertos Señor, adónde van!

GRATIA PLENA

Todo en ella encantaba, todo en ella atraía:
su mirada, su gesto, su sonrisa, su andar....
El ingenio de Francia de su boca fluía.
Era *llena de gracia,* como el Avemaría;
¡quien la vió no la pudo ya jamás olvidar!

Ingenua como el agua, diáfana como el día,
rubia y nevada como Margarita sin par,
al influjo de su alma celeste amanecía;
Era llena de gracia como el Avemaría;
¡quien la vió no la pudo ya jamás olvidar!

Cierta dulce y amable dignidad la investía
de no sé qué prestigio lejano y singular,
más que muchas princesas, princesa parecía:
era llena de gracia como el Avemaría;
¡quien la vió no la pudo ya jamás olvidar!

Yo gocé el privilegio de encontrarla en mi vía
dolorosa; por ella tuvo fin mi anhelar,
y cadencias arcanas halló mi poesía.
Era llena de gracia, como el Avemaría;
¡quien la vió no la pudo ya jamás olvidar!

¡Cuánto. cuánto más la quise! ¡Por diez
                                        años fue mía
pero flores tan bellas nunca pueden durar!
Era llena de gracia como el Avemaría;
y a la Fuente de gracia, de donde procedía,
se volvió.... como gota que se vuelve a la mar!

A KEMPIS

Sicut nubes, quasi naves,
velut umbra. .

Ha muchos años que busco el yermo,
ha muchos años que vivo triste,
ha muchos años que estoy enfermo,
¡y es por el libro que tú escribiste!

¡Oh, Kempis, antes de leerte, amaba
la luz, las vegas, el Mar Océano;
mas tú dijiste que todo acaba,
que todo muere, que todo es vano!

Antes, llevado de mis antojos,
besé los labios que al beso invitan,
las rubias trenzas, los grandes ojos,
¡sin acordarme que se marchitan!

Mas, como afirman doctores graves,
que tú, maestro, cítas y nombras,
que el hombre "pasa como las naves",
como las nubes, como las sombras....,

huyo de todo terreno lazo,
ningún cariño mi mente alegra,

y con tu libro bajo del brazo
voy recorriendo la noche negra....

¡Oh, Kempis, Kempis, asceta yermo,
pálido asceta, qué mal hiciste
¡Ha muchos años que estoy enfermo,
y es por el libro que tú escribiste!

EN PAZ

Artifex vitae, artifex sui.

Muy cerca de mi ocaso, yo te bendigo, Vida,
porque nunca me diste ni esperanza fallida
ni trabajos injustos ni pena inmerecida;

porque veo el final de mi rudo camino
que yo fuí el arquitecto de mi propio destino;
que si extraje las mieles o la hiel de las cosas,
fué porque en ellas puse hiel o mieles sabrosas:
cuando planté rosales coseché siempre rosas.

....Cierto a mis lozanías va a seguir el invierno:
¡mas tú no me dijiste que mayo fuese eterno!

Hallé sin duda largas las noches de mis penas;
mas no me prometiste tú sólo noches buenas;
y en cambio tuve algunas santamente serenas....

Amé, fuí amado, el sol acarició mi faz.
¡Vida, nada me debes! ¡Vida, estamos en paz!

EL CRISTO DE VELAZQUEZ

PRIMERA PARTE

IV

Mi amado es blanco..
CANTARES, V. 10.

¿En qué piensas Tú, muerto, Cristo mío?
¿Por qué ese velo de cerrada noche
de tu abundosa cabellera negra
de nazareno cae sobre tu frente?
Miras dentro de Ti, donde está el reino
de Dios; dentro de Ti, donde alborea
el sol eterno de las almas vivas.
Blanco tu cuerpo está como el espejo
del padre de la luz, del sol vivífico;
blanco tu cuerpo, al modo de la luna
que, muerta, ronda en torno de su madre,
nuestra cansada vagabunda Tierra;
blanco tu cuerpo está como la hostia
del cielo de la noche soberana,
ese cielo tan negro como el velo
de tu abundosa cabellera negra
de nazareno.
Que eres, Cristo, el único
Hombre que sucumbió de pleno grado,
triunfador de la muerte, que a la vida

por Ti quedó encumbrada. Desde entonces
por Ti nos vivifica esa tu muerte,
por Ti la muerte se ha hecho nuestra madre,
por Ti la muerte es el amparo dulce
que azucara amargores de la vida;
por Ti, el Hombre muerto que no muere,
blanco cual luna de la noche. Es sueño
Cristo, la vida, y es la muerte vela.
Mientras la tierra sueña solitaria,
vela la blanca luna; vela el Hombre
desde su cruz, mientras los hombres sueñan;
vela el Hombre sin sangre, el Hombre blanco
como la luna de la noche negra;
vela el Hombre que dió toda su sangre
porque las gentes sepan que son hombres.
Tú salvaste a la muerte. Abre tus brazos
a la noche, que es negra y muy hermosa,
porque el sol de la vida la ha mirado
con sus ojos de fuego: que a la noche
morena la hizo el sol y tan hermosa.

Y es hermosa la luna solitaria,
la blanca luna en la estrellada noche,
negra cual la abundosa cabellera
negra del nazareno. Blanca luna
como el cuerpo del hombre en cruz, espejo
del sol de vida, del que nunca muere.

Los rayos, Maestro, de tu suave lumbre
nos guían en la noche de este mundo,
ungiéndonos con la esperanza recia
de un día eterno. Noche cariñosa,
¡oh noche, madre de los blandos sueños,
madre de la esperanza, dulce noche,
noche oscura del alma, eres nodriza
de la esperanza en Cristo salvador.

HUMORISMOS TRISTES

¿Que si me duele? Un poco; te confieso
que me heriste a traición; mas por fortuna
tras el rapto de ira vino una
dulce resignación.... Pasó el acceso.

¿Sufrir? ¿Llorar? ¿Morir? ¿Quién piensa en eso?
El amor es un huésped que importuna;
mírame cómo estoy; ya sin ninguna
tristeza que decirte. Dame un beso.

Así; muy bien; perdóname; fuí un loco;
tú me curaste; gracias; y ya puedo
saber lo que imagino y lo que toco.

En la herida que hiciste, pon el dedo;
¿Que si me duele? Sí; me duele un poco,
mas no mata el dolor... No tengas miedo...

METAMORFOSIS

Era un cautivo beso enamorado
de una mano de nieve que tenía
la apariencia de un lirio desmayado
y el palpitar de un ave en agonía.
Y sucedió que un día,
aquella mano suave
de palidez de cirio,
de languidez de lirio,
de palpitar de ave,
se acercó tanto a la prisión del beso,
que ya no pudo más el pobre preso
y se escapó; más, con voluble giro,
huyó la mano hasta el confín lejano,
y el beso, que volaba tras la mano,
rompiendo el aire, se volvió suspiro.

EL RELOJ

Es una verdad que parece sueño.

Cuando en la noche sombría
con la luna cenicienta,
de un alto reloj se cuenta
la voz que dobla a compás;
si al cruzar la extensa plaza
se ve en su tarda carrera
rodar la mano en la esfera
dejando un signo detrás.

Se fijan allí los ojos,
y el corazón se estremece;
que, según el tiempo crece,
más pequeño el tiempo es;
que va rodando la mano
y la existencia va en ella,
y es la existencia más bella
porque se pierde después.

¡Tremenda cosa es pasando
oir entre el ronco viento
cual se despliega violento
desde un negro capitel
el son triste y compasado
del reloj, que da una hora

en la campana sonora
que está colgada sobre él!

Aquel misterioso círculo,
de una eternidad emblema,
que está como un anatema
colgado en una pared,
rostro de un ser invisible
en una torre asomado,
del gótico cincelado
envuelto en la densa red.

Parece un ángel que aguarda
la hora de romper el nudo
que ata el orbe, y cuenta mudo
las horas que ve pasar;
y avisa al mundo dormido,
con la punzante campana,
las horas que habrá mañana,
de menos al despertar.

Parece el ojo del tiempo,
cuya viviente pupila
medita y marca tranquila
el paso a la eternidad;

la envió a reír de los hombres
la Omnipotencia divina;
creó el sol que la ilumina,
porque el sol es la verdad.

Así, a la luz de esa hoguera
que ha suspendido en la altura,
crece la humana locura,

mengua el tiempo en el reloj:
el sol alumbra las horas
y el reloj los soles cuenta,
porque en su marcha violenta
no vuelva el sol que pasó.

Tremenda cosa es, por cierto,
ver que un pueblo se levanta,
y se embriaga y ríe y canta
de una plaza en derredor;
y ver en la negra torre
inmoble un reloj marcando
las horas que va pasando
en su báquico furor.

Tal vez, detrás de la esfera,
algún espíritu yace
que rápidamente hace
ambos punzones rodar.
Quizá, al declinar el día
para hundirse en Occidente
asoma la calva frente
el universo a mirar.

Quizá, a la luz de la luna,
allá en la noche callada,
sobre la torre elevada,
a meditar se asentó;
y por la abierta ventana,
angustiado el moribundo,
al despedirse del mundo,
de horror transido le vió.

Quizá, asomando a la esfera,
las noches pasa y los días,

marcando la hora postrera
de los que habrán de morir;
quizá, la esfera arrancando,
asome al oscuro hueco
el rostro nervioso y seco
con sardónico reír.

¡Ay! Que es muy duro el destino
de nuestra existencia ver
en un misterioso círculo
trazado en una pared.
Ver en número escrito
de nuestro orgulloso ser
la miseria...., el polvo...., nada
lo que *será* nuestro *fué.*

Es triste oír de una péndola
el compasado caer
como se oyera el ruido
de los descarnados pies
de la muerte que viniera
nuestra existencia a romper;
oír su golpe acerado,
repetido, una, dos, tres,
mil veces, igual, continuo
como la primera vez.

Y en tanto por el Oriente
sube el sol, vuelve a caer;
tiende la noche su sombra,
y vuelve el sol otra vez,
y viene la primavera
y el crudo invierno también;
pasa el ardiente verano,

pasa el otoño, y se ven
tostadas hojas y flores
desde las ramas caer.

Y el reloj, dando las horas
que no habrán más de volver
y murmurando a compás
una sentencia cruel,
susurra el péndulo: ¡Nunca!
¡Nunca! ¡Nunca! vuelve a ser
lo que allá en la eternidad
una vez contado fué.

Indice